Wolfgang Schnepper

Bambini / F-Jugend
30 komplette Trainingseinheiten / Psyche von Kindern

Wolfgang Schnepper, Jahrgang 1964, Diplomsportlehrer,
Ex-Bezirksligaspieler im Fußball,
1988-89 in der deutschen Triathlonspitze,
1990 Bayerischer Meister im Body-Building,
1998 Konditionstrainer im bezahlten Fußball

Bibliografische Informationen der Deutschen
Nationalbibliothek: Die Deutsche Nationalbibliothek
verzeichnet diese Publikation in der Deutschen
Nationalbibliografie; detaillierte bibliografische Daten sind
im Internet über http://dnb.d-nb.de abrufbar.

©2019 Wolfgang Schnepper
Herstellung und Verlag: Books on Demand GmbH
Norderstedt
Satz und Layout: Wolfgang Schnepper

ISBN 978-3-7504-3070-9

Inhalt

Inhalt

Inhalt

Inhalt

Vorwort

Aufgrund der großen Nachfrage ein Buch herauszugeben, welches sich intensiv mit psychologischen Aspekten im Fußballsport und Verhaltensweisen gegenüber Kindern beschäftigt und auch das praktische Training beinhaltet, habe ich mich entschlossen, dieses Buch zu schreiben.

Die ersten beiden genannten Punkte werden meiner Meinung nach zu wenig behandelt, und oft in ihrer Bedeutung unterschätzt. Dabei sind sie im Kindertraining noch viel wichtiger als Trainingsübungen, Taktik, Spielsysteme, Spielergebnisse, Leistung usw.

Der Inhalt dieses Buches ist wohl für jede Trainerin und Trainer im Kinderfußball eine große Bereicherung.

Es ist eine Weiterentwicklung unseres Buches "Bambini / F-Jugend 20 komplette Trainingseinheiten", und enthält zusätzlich 10 neue Trainingseinheiten (insgesamt also 30 Einheiten).

Weiterhin wurde das Buch "Psyche im Kinderfußball" von Wolfgang Schnepper in dieses neue Buch vollständig aufgenommen.

Psyche

Bei der allgemeinen Definition von Psyche wollen wir uns relativ kurz fassen. Die Psyche wird als ein Ort menschlichen Fühlens und Denkens aufgefasst
Sie ist die Gesamtheit aller geistigen Eigenschaften und Persönlichkeitsmerkmale eines Menschen. Im Gegensatz zur Seele beinhaltet die Psyche somit keine transzendenten Elemente.

In der Medizin nimmt man heute an, dass Körper (Physis) und Geist (Psyche) nicht grundsätzlich voneinander unabhängig sind, sondern sich gegenseitig beeinflussen können. Dies bezeichnet man als den allseits bekannten Ausdruck "Psychosomatik".

Psyche von Kindern

Psyche von Kindern

Die Psyche von Kindern ist somit ein Ort kindlichen Fühlens und Denkens. Kinder leben in einer "Kinderwelt", und diese darf nicht zerstört werden. Trainerinnen und Trainer müssen sich in diese Welt hineinversetzen wie auch die Eltern und Erzieherinnen und Erzieher es tun. Wir brauchen einen behutsamen Umgang gegenüber den kleinen Fußballern, denn "Kinderseelen" sind noch sehr zerbrechlich, und die Persönlichkeitsmerkmale sind natürlich in keinster Weise gefestigt.

Seien wir doch einmal ehrlich zu uns selbst, wenn ein Kind weint, "zerreißt" es doch förmlich unser Herz. Wir leiden genau so wie das betreffende Kind.

Doch lacht ein Kind laut, ausgelassen und volllkommen fröhlich, geht da nicht unser Herz auf und wir nehmen diese Freude nicht auch genau so auf.

Trainerinnen und Trainer freuen sich wenn Kinder Spaß am Training haben. Der Job als Kindertrainer wird meistens ehrenamtlich geleistet, man verdient kein Geld damit und ein hohes gesellschaftliches Ansehen bleibt meistens aus. Doch der Kindertrainer hat die höchste Verantwortung von allen Trainern überhaupt. Dies dürfte allein schon aus den obigen Definitionen klar geworden sein. Machen sie ihren Job gut, können diese Trainer sehr stolz auf sich sein und verdienen höchsten Respekt und Anerkennung.

Doch kommen wir zurück zur Psyche von Kindern.

 # Psyche von Kindern

Psyche der Kinder und allgemeine Verhaltensweisen ihnen gegenüber

Die Förderung der psychischen Widerstandsfähigkeit von Kindern ist von extremer Bedeutung. Misserfolge sind von Kindern nur schwer wegzustecken, und müssen möglichst vermieden werden. D.h., eine konsequente Überforderung der Kleinen darf nicht passieren.

Mit den richtigen Herausforderungen können Eltern und Trainer helfen, die Psyche zu stärken.

Wie der Körper ein Immunsystem besitzt, gibt es auch für die Seele eine Art Immunsystem.

An Stelle von Bakterien und Viren wird dieses seelische Immunsystem durch Streit, Misserfolge oder Unglücksfälle belastet. Bei einen Streit zum Beispiel sind manche Kinder sehr selbstbewusst, und stecken dies einfach weg. Sie sind in der Lage viele belastende und kritische Erfahrungen zu bewältigen, ohne jeglichen Schaden zu nehmen. Diese psychische Widerstandsfähigkeit nennt die Wissenschaft „Resilienz". Andere Kinder hingegen ziehen sich nach einem Streit zurück, und müssen den Disput erst einmal verarbeiten.

Es gibt nun aber Methoden und Merkmale, die die Entwicklung von Resilienz fördern oder hemmen können.

So fanden Wissenschaftler tatsächlich heraus, dass resiliente Kinder wirklich über schützende Komponenten verfügen, die die psychische Widerstandsfähigkeit erhöhen. Diese zu kennen ist für Eltern, Erziehern und Trainern von hoher Bedeutung, denn dadurch kann man die Seele eines Kindes stärken.

 # Psyche von Kindern

Die primäre Stelle liegt natürlich im Elternhaus. Die Kinder brauchen eine stabile emotionale Bindung zu den Eltern, zu mindestens aber einem Elternteil. Diese brauchen einen verlässlichen und sensiblen Erziehungsstil. Hierbei wird das Kind unterstützt, gefördert, es bejaht und ihm möglichst viele Freiräume gegeben. Gleichzeitig müssen ihm aber auch möglichst freundlich und liebevoll altersgemäße Grenzen gesetzt werden. Denken wir daran, das Kinder noch nicht alle Gefahren kennen. Wenn wir Kindern zum Beispiel räumliche Begrenzungen auferlegen, dürfen diese nicht missachtet werden. Denken wir hier nur an den Straßenverkehr oder andere Gefahren außerhalb des gesetzten Raumes. Die Trainerin oder der Trainer muss diese räumlichen Begrenzungen natürlich auch absolut vorgeben. Jeder kann sich jetzt wohl plastisch vorstellen, welche Verantwortung man bei einem Kindertraining übernimmt.

Zusätzlich spielt die gesamte soziale Umgebung des Kindes eine entscheidende Rolle. Positive emotionale Beziehungen zu Freunden, Nachbarn, Verwandten, Trainerin oder Trainer usw. bieten einen „Zufluchtsort" bei schlechten oder belastenden Familiensituationen.

Trainerinnen oder Trainer sollten auch die Eltern umgehend kontaktieren, wenn ihnen etwas „seltsames oder nicht "normales" an den kleinen Fußballern auffällt. Hier erkennen wir die große Verantwortung der Trainer in einem weiteren Bereich.

Die Kinder brauchen gute Beziehungen zu Eltern und dem weiteren Umfeld, woran auch die Trainerin oder der Trainer arbeiten kann. Schnell erkennt das jeweilige Kind nun: Ich bin wertvoll und anderen nicht egal.

In diesem sicheren positiven Bereich bauen Kinder Mut, Selbstbewusstsein und Resilienz auf. Sie entwickeln allgemeines Interesse, vitale Lebensenergie, Neugier, Fantasie, Kontaktfreude und können aggressive Energie kontrollieren.

Die Entwicklung der optimalen Resilienz bedeutet auch des Einbinden der Kinder für kleine Arbeiten wie den Frühstückstisch decken, Erdbeeren pflücken im Garten oder auch mal das Kehrblech zu benutzen. Solche kleinen Aufgaben sollen sie auch im Kindergarten und im Fußballtraining übertragen bekommen (heute trägst du mal die Leibchen oder die kleinen Pylonen usw.).

Und es ist ganz wichtig die Kinder für solche Verantwortung auch zu loben. Jetzt tragen sie etwas zur Gemeinschaft bei, und erfahren eine Wertschätzung. Schnell lernen sie dabei auch, habe ich Probleme, darf ich jederzeit um Hilfe bitten.

Jetzt kommt ein ganz wichtiger Punkt. In der Regel soll das Lob fast immer spezifisch auf ein Verhalten und nicht verallgemeinernd sein (Ausnahmen sind durchaus erlaubt).

Kinder verfügen von Natur aus über Eigenschaften wie Hilfsbereitschaft, Neugier, Empathie usw., die die Resilienz fördern. Aber die Erwachsenen haben immer wieder die Aufgabe diese Richtungen auch gezielt zu fördern.

Wir haben schon genug erwachsene Menschen, denen Empathie, Hilfsbereitschaft, Vorsicht, positive Neugier usw. verlorengegangen sind. Ist Ihnen nicht schon aufgefallen, wie viele Erwachsene oder Jugendliche in einem vollkommenen Egoismus leben. Wenn hier der Trainer oder die Trainerin den Kindern auch nur ein wenig mehr zur Resilienz verhilft, hat er oder sie mehr als nur ein Training mit den Kleinen durchlebt.

Aber Sieg und Niederlage, und damit Enttäuschungen, gehören natürlich zum Leben. Schon kleine Kinder müssen einiges einstecken und entwickeln Strategien, mit Enttäuschungen fertig zu werden. Wichtig ist auch, dass die Eltern und die Trainer beim Training und im Wettspiel richtig reagieren.

"Ich kann das, ich schaffe das" – und schon geht der Schuss daneben oder der Einwurf wird vollkommen falsch ausgeführt. Kinder schätzen ihre Fähigkeiten oft nicht realistisch ein, deswgen sind es ja Kinder. Natürlich gibt es auch Erwachsenene, die ihre Fähigkeiten oft falsch einschätzen, aber hier ist etwas in der Entwicklung falsch gelaufen und nicht unser Thema. Trainer können sie darin unterstützen, indem sie ihnen zu ihrem Alter passende Aufgaben stellen und immer wieder für kleine Erfolge loben. Zu leicht dürfen die Aufgaben nicht (immer) sein, denn Enttäuschungen unterstützen Kinder dabei, ihre falschen Einschätzungen zu korrigieren.

Manche Kinder schwätzen auch unentwegt, andere reden fast nie. Die Kunst der Trainer ist es hierbei, die Eigenart der Kinder zu respektieren, aber eine Plaudertasche auch einmal zu unterbrechen, wenn es gerade wirklich stört.

Kommen wir jetzt direkt zu einem weiteren wichtigen Punkt. Wenn ein Kind etwas scheinbar verletzendes oder beleidigendes zum Trainer oder zur Trainerin sagt, reagieren Sie in der Regel nicht darauf. Kinder meinen das nicht böse. In bestimmten Situationen muß man aber handeln, wenn zum Beispiel "schlimme Wörter" gesagt werden. Erklären Sie dem betreffenden Kind freundlich und sachlich, dass diese Wörter nicht schön sind, und man sie besser nicht sagt. Wenn man

das als Trainer deutlich erklärt, erzielt es seine positive Wirkung. Denn Sie haben eine Vorbildfunktion für die kleinen Fußballer.

Bewahren kann man die Kinder nicht immer vor negativen Dingen wie Enttäuschungen, Misserfolgen, Niederlagen, auch wenn man ihnen am liebsten nur eine heile Welt schaffen will. Das funktioniert nicht und ist auch nicht hilfreich, um die Kinder auf das Leben vorzubereiten. Trainerinnen und Trainer müssen die Kinder dabei unterstützen, Niederlagen und Enttäuschungen zu verdauen. Haben Kinder das gelernt, besitzen sie eine wichtige Schlüsselqualifikation für das Leben. Auffangen, sich mit ihnen freuen oder leiden und Erfolgserlebnisse anbieten, das ist wohl die beste Hilfe. Das Wichtige ist, das Selbstvertrauen der Kinder zu stärken, dann lassen sich auch Niederlagen leichter verarbeiten

.

Psyche von Kindern

Für einen Coach ist es auch wichtig zu wissen, was für Kinder so die schlimmsten Erfahrungen sind, hier listen wir die meisten auf:

° Elternteil oder Eltern sterben

° Eltern trennen sich

° Todesfälle von Menschen, die das Kind auch lieb hatte wie Freunde, Geschwister oder Großeltern usw.

° Der beste Freund oder man selbst muss umziehen

° Lieblingsspielzeug geht verloren oder kaputt

° Die jüngeren Geschwister bekommen mehr Beachtung

° Geburtstagswünsche werden nicht ausreichend erfüllt

° Niederlage im Sport oder ein beliebter Trainer verlässt den Verein

Und spätestens jetzt wird jedem Trainer oder Trainerin klar, welche Bedeutung er oder sie im Leben eines Kindes haben kann. Natürlich ist der Verlust der eigenen Eltern oder deren Trennung mit Abstand die schlimmste Erfahrung, die ein Kind machen kann. Dieses wollen wir für keines unserer Fußballkinder, also aus ihrer Truppe, nur im Entferntesten hoffen, und gehen nicht näher darauf ein.

Psyche von Kindern

Grundlegende Dinge für Bambini / F-Jugend im Training

Trainer/innen und Übungsleiter/innen haben in Bezug auf die Kleinen (Bambini und F-Jugend) eine extrem große Verantwortung, die von vielen Erwachsenen vollkommen unterschätzt wird.

Noch niemals zuvor haben so viele Mädchen und Jungen bereits im Vorschulalter Fußball gespielt.

Wenn wir die Kinder in diesem Alter begeistern wollen, muss das Training vom ersten Moment an Spaß machen. Wenn wir allerdings Inhalte und Methoden aus dem Jugendbereich auf den Bambinifußball kopieren, erreichen wir genau das Gegenteil, und die Anzahl fußballspielender Kinder schrumpft in meinem Verein zusehends.

Die ersten Eindrücke des Sport- bzw. Fußballvereins sind entscheidend für den sportlichen Werdegang der Kinder. Bei einem inkompetenten Verhalten des Trainers, der Eltern, der Betreuer usw. können die kleinen Sportler einen ablehnenden Ersteindruck bekommen, negative Erfahrungen sammeln und im schlechtesten Fall eine Aversion gegen jeden Fußballverein aufbauen

.Hier erkennen wir die große Bedeutung des richtigen, vor allem kindgerechten Verhaltens von Trainern und Betreuern, die oftmals überhaupt keine Ausbildung, kein fachspezifisches Wissen oder Menschenkenntnis (hier: in Bezug auf Kinder) besitzen.

Schon vor „Urzeiten" wurden Vorschulkinder häufig in Turn- oder Leichtathletikvereine geschickt, um die körperliche Entwicklung zu fördern und Bewegungsmängel

vorzubeugen (manchmal bekannten sich Kinder dann erst viele Jahre später zu anderen Sportarten, bei Jungen war es meistens der Fußball). Die Kinder absolvierten dort Lauf-, Wurf- oder leichte Sprungübungen. Sie turnten und wurden mit leichten Ballspielen vertraut gemacht und auch das Fußballspielen war dabei.

Eine vielseitige motorische und muskuläre Entwicklung war gewährleistet, natürlich wurden damals wie heute viele pädagogische und methodische Fehler gemacht.

Deswegen brauchen wir besonders im Kinder- und Jugendbereich qualifizierte Kräfte (es muss hier natürlich keine offizielle Ausbildung sein).

Heute kommen immer mehr Kinder direkt zum Fußball, was für die Trainer/innen eine große Verantwortung für das gesundheitliche Wohl der Kinder bedeutet. Ausgebildet für diese Tätigkeit sind nur wenige Übungsleiter/innen.Der fußballerische Aspekt darf bei den Bambini nicht im Vordergrund stehen, sondern eine vielseitige Mobilität in Form von Laufen, Springen, Werfen, Ballspiele und Spiele unterschiedlichster Art. Die Kinder sollen hier eine grundlegende sportliche Ausbildung bekommen, wobei der Spaßfaktor und die Gemeinschaft im Vordergrund stehen. Hiermit wird die Basis für die weitere sportliche und soziale Entwicklung gelegt.Die Bambini müssen das Gefühl vermittelt bekommen, dass sie von der Gemeinschaft gebraucht werden (was ja auch so ist), dass jeder ein wichtiges Mitglied der Mannschaft ist (unabhängig von der Leistung), und dass jeder Spieler ein gleiches Maß an Lob und Anerkennung von Eltern,

Betreuern und Trainern verdient.

Merke: Die fußballerische Ausbildung darf bei den Bambini nicht im Mittelpunkt stehen, sonst hat dieses eventuell negative Auswirkungen auf die körperliche und seelische Entwicklung der Kinder. Im schlechtesten Fall wenden sich diese für immer vom Fußballverein ab oder die sportliche Leistungsfähigkeit entwickelt sich nicht optimal.

Der Trainer/in hat nun auch die wichtige Aufgabe, geschickt und freundlich, allzu ehrgeizige Eltern zu mäßigen, den Leistungsdruck fast ganz herauszunehmen und Wettkampfspiele mit einem großen Spaßfaktor zu belegen. Es soll überwiegend in kleinen Gruppen gespielt werden.

Die Kinder brauchen allerdings auch mehr als Fußbälle, Pylonen und Slalomstangen. Für die vielseitige Entwicklung sollten auch Geräte wie Bälle in allen möglichen Größen und Gewicht vorhanden sein. Weiterhin können Spielplätze mit leichten Kletterparcours, Reck (zum Schwingen und Hängen), Schaukeln, Rutschen und einem kleinen Bolzplatz, Turnhalle mit Geräten wie Bällen,Turnmatten (für leichte Turnübungen wie Purzelbaum und Strecksprung), Seile zum Balancieren und Springen (z.B. schwingt der Trainer ganz langsam ein Seil flach über den Boden und die Kinder springen im richtigen Moment darüber), Schaumstoffbälle für viele verschiedene Spiele (auch für Abwurfspiele und Kopfbälle), Tischtennisausstattung und auch kleine Sachen wie Luftballons und Seifenblasendosen zur vielseitigen Entwicklung der Kinder hervorragend beitragen.

Diese vielseitige sportliche Betätigung und das Spielen in Gruppen ist unabdingbar zur Entwicklung der Motorik, Schulung von Sozialverhalten und Empathie, Vorbeugung von Haltungsschwächen und –schäden und zur Förderung einer sportlichen und menschlichen Persönlichkeit.

Die Übungen und Spiele dürfen für die Bambini nicht zu schwierig sein und auch keine hohe Konzentration erfordern, da sie sonst zu schnell ermüden.

Das Übungsangebot ist breit gefächert, muss ohne lange Erklärungen auskommen, und immer wieder die Phantasie und die Neugier der Kleinen wecken.

An dieser Stelle wird uns wieder einmal verdeutlicht, welche Verantwortung und Wichtigkeit gegenüber dem Trainer oder der Trainerin im Bambinisport obliegen.

Merke: Schwierige technische Übungen, die Schulung irgendeiner Taktik, lange Erklärungen und aufkommende Langeweile haben bei den Bambinis nichts zu suchen.

Wenn die Bambini ein Fußballspiel durchführen und alle laufen immer Richtung Ball, dann lass sie. Intuitiv spielen sie im Prinzip modernen Fußball, nur das Verschieben ist noch sehr extrem.

Das Einhalten fester Räume ist kontraproduktiv für die Kleinen und widerspricht sogar dem modernen Fußball.

Weiterhin darf jedes Kind alle Positionen ausprobieren, die es mal spielen möchte.

Und selbst wenn alle Kinder Torwart spielen wollen, dann wird eben jedes Spiel der Torwart gewechselt.

Taktik im Kinderfußball

Ausgangssituation

Leider sieht man fast bei jeder Bambini- und F-Jugend-Mannschaft immer wieder eine Tendenz der Trainer, ihre Spieler mit starren Positionen zu belegen.
Es heißt dann: "Du spielst hinten rechts, Du hinten links" usw.
Im Spiel hört man dann: "Bleib hinten oder bleib vorne" etc.

Warum wird das so gemacht?
Warum versuchen Trainer den jüngsten Mannschaften eine solche Struktur zu geben?

Was versprechen sich diese Trainer davon?
Wir wissen es nicht!!!

Machen wir mal einen großen Sprung in den Jugend-bzw. Seniorenbereich!
Hier versucht mittlerweile fast jeder Trainer seine Mannschaft modern spielen zu lassen.
Es wird hier in der Regel sehr viel Wert auf taktische Verhaltensweisen gelegt.
Geprägt wird der moderne Fußball besonders durch zwei elementare Verhaltensweisen:

 # Taktik im Kinderfußball

1.ballorientiertes Verschieben
2. Abkehr von der Manndeckung

Kommen wir zurück zum Kinderfußball:
Durch die oben angesprochene Reglementierung der Spieler wird genau das verhindert, was wir später wieder mühsam trainieren müssen, und zwar ballorientiertes Verschieben und Raumdeckung, Übergeben, Übernehmen etc.

Lässt man die Kinder einfach intuitiv ihr Spiel machen, sehen wir Folgendes: Alle Spieler der Mannschaft (egal ob Ballbesitz oder nicht) verschieben Richtung Ball. Mit anderen Worten: Alle laufen hinter dem Ball her. Keiner (Ausnahme sind Kinder, die z.B. Blümchen pflücken oder sonstiges) bleibt irgendwo starr auf seiner Position. Alle haben Spaß und sind in ständiger Bewegung. Manndeckung gibt es bei diesem System nicht! Das heißt natürlich nicht, dass die Spieler keine Positionen bekleiden sollen. Vielmehr geht es darum, ihnen so viele Freiräume zu geben, wie möglich. Praktisch bedeutet dies, dass jeder Spieler (z.B. ein Abwehrspieler) sich ständig mit nach vorne und hinten einschalten sollte. Es reicht einem Abwehrspieler zu sagen: Wenn der Gegner den Ball hat, läufst du bitte nach hinten. Unsere Erfahrung hat gezeigt, dass Bambini - und F-Jugendspieler dies nach relativ kurzer Zeit umsetzen können.

23

 # Taktik im Kinderfußball

Allgemeine Daten Bambini

Merkmale der Bambini

° Geringe koordinative Eigenschaften
° Unterschiedliche Leistungsgrundwerte
° Stark vorhandene Neugier
° Geringes Konzentrationsvermögen
° Hohe Ich-Bezogenheit
° Markante Orientierung am Trainer
° Ausgeprägte Phantasie
° Enormer Bewegungs- und Spieldrang
° Hohe Beweglichkeit, relativ schwach ausgebildete Muskulatur

Ziele des Bambinifußballs

Ziele des Bambinifußballs

° Kontakte zu Gleichaltrigen herstellen
° Bedürfnisse und Wünsche ansprechen
° Das eigene Bewegungskönnen steigern
° Selbstvertrauen aufbauen
° Die Persönlichkeit fördern
° Vielseitige Bewegungsaufgaben schaffen
° Spaß und Freude am Fußballspielen zu geben

 # Ziele des F-Jugendfußballs

Allgemeine Daten F-Jugend

Merkmale der F-Jugend

° Koordinative Schwächen und schwach ausgeprägte Muskulatur
° Enorme Begeisterung für das Wetteifern mit anderen Kindern
° Wenig Konzentrationsvermögen
° Hohe, unkritische Orientierung an erwachsenen Vorbildern wie Trainern
° Hohe Bewegungs- und Spielfreude

Ziele des F-Jugendfußballs

° Förderung des Spaßes am Fußballspielen
° Vermitteln der wichtigsten Fußball-Techniken in der Grundform
° Koordinative und konditionelle Grundlagen spielerisch fördern

Betreueraufgaben

Betreueraufgaben (Trainer/in)

° Nur, wenn die Erwachsenen den Kindern mit Offenheit, Herzlichkeit und Begeisterung begegnen, fühlen sich die Kinder wohl und sind gut aufgehoben.

° Die Kinder werden immer wieder gelobt und motiviert.

° Positive Werte und Charaktereigenschaften vorleben!

° Spaß und Freude vermitteln, Motivation wecken – eine Begeisterung für das Fußballspielen vorleben.

° Schwache Leistungen von Kindern werden nicht kritisiert.

° Allzu ehrgeizige Eltern werden vom Trainer oder der Trainerin freundlich aber bestimmend gedämpft.

° Negative Zurufe, von den Zuschauern und Eltern an die Kinder, den Schiedsrichter, die Betreuer oder den Trainer bzw. Trainerin, sind zu unterlassen. Hier müssen die Betreuer und Trainer freundlich eingreifen.

° Trainer, Betreuer und Eltern müssen Kindergeburtstage geschickt in den Trainingsbetrieb miteinbringen, denn ein Geburtstag ist für die Kleinen von höchster Wichtigkeit, und ein Tag, an dem sie besondere Aufmerksamkeit geschenkt haben wollen.

° Jedem Kind wird der gleiche Respekt zugesprochen.

° Gefährliche Übungen werden im Kindertraining nicht eingesetzt. Die Kleinen können eine Gefahr nicht richtig ein-schätzen.

Hiermit sind z.B. gemeint: Gefährliche Kletterübungen, Kopfball mit einem harten Ball, Tacklingübungen jeglicher Art; gefährliche Schaukeln, die nicht schaukelnde Kinder schwer verletzen können; Schaukeln, die extreme Höhen erreichen können; das Spielen von Hockey, wegen hoher

Betreueraufgaben

Verletzungsgefahr beim Schwingen mit dem Schläger usw.

° Eine kurze Besprechung vor einem Spiel ist vollkommen ausreichend.

° Jedes Kind darf lang genug spielen, hierbei wird nie auf Spielstand oder sogar Taktik geachtet.

° Bei einem Foulspiel den Kindern erklären, was nicht richtig war.

° Der Trainer oder die Trainerin begrüßen und verabschieden die Kinder immer innerhalb der ganzen Gruppe.

° Die Kinder werden immer angefeuert und bei Toren oder Auswechslungen sollte abgeklatscht werden.

° Der Spielführer wechselt von Spiel zu Spiel und jedes Kind kommt an die Reihe. In der Halbzeitpause den Kindern immer Getränke anbieten. Die Halbzeitansprache ist sehr kurz, und die Kinder werden dabei persönlich aufmunternd angesprochen.

° Genügend Zeit zum Einspielen sollte immer gegeben sein.

° Die Kinder werden immer für ihre Stärken gelobt, aber nicht auf ihre Schwächen angesprochen (das kommt später bei den Jugendlichen noch früh genug).

° Trainer und Betreuer wirken als Vorbilder für Kinder.

° Trainer im Kinderfußball sind kaum Technik- oder Taktikvermittler. Sie sind überwiegend Tröster, Streitschlichter, Spaßmacher, Erzieher und Freund.

° Sensibilität für Probleme von Kindern zeigen und Lösungsmöglichkeit finden.

Sanktionen im Kinderfußball

Sanktionen im Kinderfußball

Im Kinderfußball gibt es grundsätzlich keine Sanktionen. Dies ist von höchster Bedeutung. Kinder dürfen im Training und Wettspiel nur positive Momente erleben. Werden die kleinen Fußballer öfter zu spät zum Training gebracht oder kommen selbstständig (ab F-Jugend durchaus möglich, wenn sie ganz in der Nähe des Sportplatzes wohnen und nur dann) zu spät, bitte freundlich mit den Eltern reden. Deswegen muss ein Trainer oder ein Trainerin immer alle Telefonnummern der Eltern oder Aufsichtspersonen parat haben.

Bambinis oder F-Jugendliche müssen grundsätzlich durch Eltern oder andere Aufsichtspersonen beim Trainer oder der Trainerin abgegeben und auch abgeholt werden. Ansonsten bitte sofort die Eltern kontaktieren und darauf ansprechen. Die Kleinen müssen ständig beaufsichtigt werden. Denken Sie allein an den gefährlichen Straßenverkehr oder noch Schlimmeres.

Sollte ein Kind nach dem Training nicht abgeholt werden, trägt der Trainer oder die Trainerin die volle Verantwortung, bis es wieder in der sicheren Obhut der Eltern oder anderer offizieller Aufsichtspersonen (wie Heimleitung bei Heimkindern) ist.

 # Aufbau der Trainingseinheiten

Aufbau der Trainingseinheiten im Kinderfußball

Einige Übungen können auch im F-Jugendbereich eingesetzt werden, je nach Leistungsstand und Entwicklung auch die komplette Einheit.

Bei den Bambini dauert eine Trainingseinheit 60 Minuten und sollte in der Regel zur gleichen Zeit beginnen und enden. In der F-Jugend dauert eine Trainingseinheit etwa 70 – 80 Minuten.

Warum sollte eine Trainingseinheit bei den Bambini 60 Minuten nicht überschreiten (etwas weiter unten folgt die Erklärung)?

Wir müssen hier noch einmal verdeutlichen, dass der Trainer oder die Trainerin die Schlüsselfigur für die Faszination Fußball für Kinder ist.

Mit dieser Person oder Personen steht und fällt oft alles. Hier werden die Weichen für eine lang- oder kurzfristige Fußball-Laufbahn gestellt.

Der Trainer oder die Trainerin ist nicht nur ein Kindertrainer/in sondern auch Idol, Erzieher, Clown, Spaßmacher und sogar eine Art von Freund.

Es sind die ersten Eindrücke vom Trainer, Trainerin, Betreuer, von der Mannschaft, vom Training, Wettspielen und vom ganzen Verein, die darüber entscheiden ob ein Kind langfristig mit Begeisterung Fußball spielt.

Dieses lässt sich nicht mit dem Erwachsenenfußball kopieren. Der Kinderfußball braucht seine eigenen Vorschriften und Regeln. Spaß, Bedürfnisse, Orientierungen und Interessen

dürfen sich nicht an Leistung, Ergebnis und Meisterschaft messen.

Es wird in kleinen Gruppen mit Spaß trainiert, stupide und monotone Technikübungen werden nie absolviert. Vor dem eigentlichen Training empfiehlt es sich schon jedem Kind einen Ball zu geben. Jetzt können sie schon laufen, dribbeln, schießen und passen wie sie möchten.

Die danach folgende Trainingseinheit muss immer abwechslungsreich und bewegungsintensiv sein. Jedem Kind müssen Erfolgserlebnisse garantiert sein. Der Trainer oder die Trainerin muss jedes Training intensiv planen, sonst schleichen sich sehr schnell Routine und monotone Übungen ein. In großen Gruppen sollte relativ selten trainiert werden.

Wichtige Aspekte bei der Trainingsplanung:

Findet das Training in der Halle oder auf dem Sportplatz statt (der verfügbare Raum muss hier einkalkuliert werden)?
Muss der verfügbare Trainingsbereich mit anderen geteilt werden?
Ist die Bodenbeschaffenheit des Platzes in Ordnung (z.B. Gefahr bei Glatteis) oder muss ich auf einen andere Trainingsfläche ausweichen?
Wie viele Kinder kommen zum Training? Man hat immer einen Plan B bereit, falls viel mehr oder weniger Kinder erscheinen.
Welche Materialien habe ich zur Verfügung?
Sind weitere Trainer oder Betreuer vor Ort, die beim Training helfen (so ist ein Gruppentraining besser durchführbar)?

31

 # Aufbau der Trainingseinheiten

Merke: Die Trainingseinheiten werden mit einer sehr geringen physischen Belastung durchgeführt. Krafttraining jeglicher Art, lange Laufübungen, lange Trainingseinheiten, lange Sprints, Schulung der Schnelligkeitsausdauer usw., haben im Kindertraining nichts verloren. Die intra- und intermuskuläre Koordination ist noch nicht optimal entwickelt, der Ermüdungsgrad ist noch sehr hoch, der Muskelaufbaueffekt sehr gering, die Motorik insgesamt noch etwas "wackelig" usw.

Harte Trainingseinheiten führen bei Kindern zu extremen Muskelkater, juvenile Hypertonie (jugendlicher Bluthochdruck), motorische Störungen, Nervosität usw.

Den extremen Muskelkater wird nun auf den nächsten zwei Seiten genauer beschrieben, aufgrund seiner Gefährlichkeit. Das gilt im Prinzip für alle Altersgruppen, aber besonders für Kinder.

32

Extremer Muskelkater (Rhabdomyolyse)

Bei einer extrem hohen und ungewohnten Belastung kann es zu einem höchst intensiven Muskelkater kommen, der Muskeln zum Teil auflösen lässt. Zum Glück tritt dies sehr selten auf. Aber ein Trainer oder eine Trainerin sollte zu Saisonbeginn extrem harte Einheiten vermeiden (**im Kindertraining werden harte Trainingseinheiten natürlich nie absolviert**), um die Gesundheit der Spieler nicht zu gefährden.

Ein normaler Muskelkater ist nach einem gemäßigten Trainingsbeginn normal. Aber bei einer totalen Überforderung kann dieser genannte extreme Muskelkater auftreten. Er äußert sich ein bis zwei Tage später mit extremen Schmerzen und Brennen und Schwellungen, dass Bewegungen fast nicht mehr möglich sind.

Der Urin wird schokoladenbraun, Teile der Muskulatur lösen sich auf. Es können Langzeitschäden folgen.

Der Fachbegriff für dieses Phänomen lautet "belastungsabhängige Rhabdomyolyse", hierbei lösen sich die Hüllen der überstrapazierten Muskelzellen auf, ihr Inhalt läuft aus und die Nebenwirkungen können enorm sein. Zunächst kann sich die Flüssigkeit aus den Muskelzellen innerhalb einer Körperfaszie ansammeln und dann Blutgefäße abdrücken. Nun kann die Niere damit überfordert werden, denn sie muss den ausgelaufenen Inhalt der Muskelzellen abbauen. Im schlimmsten Fall verstopft sie. Normalerweise tritt bei der Rhabdomyolyse nämlich ein Eiweiß aus, das Myoglobin. Im Muskel ist es für den Sauerstofftransport erforderlich. Darum kann sich bei einer Rhabdomyolyse auch der Urin dunkel färben.

 # Extremer Muskelkater

Symptome Rhabdomyolyse:

° ungewöhnlich starke Belastung
° dunkler Urin
° Fieber und Unwohlsein
° starke und schlimmer werdende Muskelschmerzen in den viel zu hart trainierten Muskelgruppen
° steife, oft geschwollene Muskeln

Rhabdomyolyse kann aber auch auftreten, wenn Muskelgruppen z. B. bei schweren Verkehrsunfällen zerquetscht werden. Auch Drogen oder Gifte von Schlangen oder bestimmten Giftpilzen können die Muskelzellen zerstören. Aber dies soll hier nur am Rande erwähnt werden.

 # Richtlinien für Kindertrainer

Richtlinien für Kindertrainer

Jeder Kindertrainer oder jede Kindertrainerin muss alle Kinder mögen, ansonsten macht ein Training keinen Sinn.
Spielfreude geht immer vor Spielergebnissen.
Individuelle Fortschritte werden immer gelobt.
Der Trainer oder die Trainerin sollte sich über die Lebenshintergründe aller Kinder diskret informieren.
Es werden Regeln für das Training mit den Kindern vereinbart, Normen und Werte vorgelebt.
Es besteht immer ein angstfreies Klima ohne jeglichen Leistungsdruck.
Alle Kinder bekommen die gleiche Zuwendung.

Wie schon erwähnt ermüden die Kleinen schnell, die Muskulatur ist noch schwach ausgebildet, die Leistungsvoraussetzungen sind sehr unterschiedlich und die Konzentrationsfähigkeit ist noch sehr gering. Wichtig ist, dass jede größere Überforderung der Kinder vermieden werden muss.Bei den ersten Anzeichen von Ermüdungen bei einem Kind, wird dieses geschickt im weiteren Trainingsverlauf geschont. Auch dürfen wir nicht vergessen, dass Kinder ein ganz anderes Zeitempfinden haben. Eine Stunde konzentrierte Bewegung und Spiel von den Bambini bedeutet ungefähr das Gleiche, als wenn wir drei Stunden trainieren und spielen würden.
Besondere Vorsicht ist bei hohen Außentemperaturen geboten. Ausreichend Getränke müssen bereit stehen und immer wieder Pausen im Schatten eingelegt werden.

 # Aufbau der Trainingseinheiten

Bei extremen Außentemperaturen werden Spiele locker im Schatten absolviert.

Merke: Der Trainer oder die Trainerin hat eine hohe Verantwortung gegenüber den Bambini oder den F-Junioren. Bei extremen Wetterlagen wie Hitze und hohe Ozonwerte oder Sturm mit Regen sollte genau überlegt werden, ob und wo das Training stattfindet.

Vor jedem Training sollte obligatorisch ein Gesprächskreis gebildet werden, wo z.b. Neuigkeiten oder andere Sachen besprochen werden.

Grundsatz: Im Bambinitraining werden oft Übungen mit einer kurzen Geschichte erläutert. Die Erfahrung hat gezeigt, dass der Spass an den Übungen dadurch noch größer wird und die Kinder die Übungen schneller verstehen!!!

Trainingseinheit Geburtstag

Merke: Für Bambini und F-Jugendliche ist der Geburtstag ein ganz besonderer Tag. Hier brauchen sie viel Aufmerksamkeit und wollen zurecht im Mittelpunkt stehen. Deswegen sollte der Trainer/in hier mit den Eltern eine Trainingseinheit organisieren, die auf das jeweilige Geburtstagskind ausgerichtet ist. Deswegen hier ein Beispiel für so ein kleines Event.

Ein Kind hat Geburtstag und der Gesprächskreis findet in einer ganz anderen Form statt. Das Geburtstagkind wird von allen Kindern und Erwachsenen gefeiert. Bänke und Tische sind aufgebaut mit Tellern, Besteck, Gläser, Getränke und etwas zum Naschen. Die Getränke sollten überwiegend Apfelschorle und Wasser sein. Hier hat der Trainer oder die Trainerin eine Vorbildfunktion auch für die Eltern, süße Limonaden in großer Menge sind schädlich für Kinder (allein schon wegen hoher Kariesgefahr). Das süße Essen könnte z.B. aus einem Mohrenkopf und einem kleinen Muffin pro Kind bestehen (damit ist der Bauch auch nicht zu voll). Auch hier ist wieder eine Vorbildfunktion angebracht, Bonbons, Lutscher usw. in Hülle und Fülle sind genauso schädlich, und zu vermeiden.

Merke: Bonbons, Lutscher, Kaugummis usw. dürfen den Kleinen nicht vor dem Training oder einem Wettspiel gegeben werden. Die Gefahr eines Verschluckens , während der Belastung mit schlimmen Folgen, ist nicht auszuschließen. Wir dürfen auch nicht vergessen, dass diese Süßigkeiten (in Form von Industriezucker) ungesund sind. Ein regelmäßiger Verzehr oder eine Aufnahme in großer Menge sollte

 **Trainingseinheit Geburtstag**

vermieden werden.

In Bezug auf die Ernährung hat der Trainer oder die Trainerin ebenfalls eine Verantwortung gegenüber den kleinen Fußballern. Hier kann Aufklärungsarbeit gegenüber Eltern geleistet werden, die sich noch nicht über die negativen Folgen von einer zu hohen Aufnahme von Industriezucker informiert haben. Süßigkeiten mit einem hohen Zuckergehalt sollten nur selten konsumiert werden. Bei den Kindern z.B. zu Geburtstagen, Weihnachten, Nikolaus und Ostern. Das sind wohl schon Ausnahmen genug. Dazu gehören auch zuckerhaltige Getränke wie bestimmte Limonaden und Fruchtsäfte. Fruchtsäfte trinkt man am besten in Form von Schorlen, ein Teil Fruchtsaft und zwei Teile Wasser.

Was passiert bei permanent zu hoher Aufnahme von Industriezucker?

Okay, es ist schlecht für die Zähne und Knochen und fördert Diabetes wie Adipositas, das weiß jeder. Aber haben sie auch gewusst, dass dies zum plötzlichen Tod führen, jedoch zumindest die geistige und körperliche Leistungsfähigkeit dramatisch reduzieren kann.

Konsumiert man ständig zu viel Industriezucker, produziert die Leber keine oder nur noch wenig Glukose. Bekommt man nun extern keinen Zucker über Stunden oder Tage, erleidet man einen Zuckerschock, weil kein Zucker mehr im Blut ist, also keine Energie. Es ist nur logisch, dass man dadurch sterben kann. Bitte klären Sie, wenn sich die Gelegenheit bietet, alle Eltern darüber auf.

Also, einen Zuckerschock kann man auch ohne Diabetes erleiden, bei zu hoher und permanenter Aufnahme von Industriezucker.

 # Trainingseinheit Geburtstag

Zurück zu der Trainingseinheit „Geburtstag. Alle Kinder sitzen am Tisch. Sie gratulieren und feiern das Geburtstagskind. Kleine Geschenke (aber wirklich nur Kleinigkeiten) werden überreicht und ein Geburtstagslied wird gesungen.

Nach dem Essen und Trinken erfolgt ein kleines Geburtstagsfest-Aufwärmen.

Viele im Vorfeld aufgeblasene Luftballons werden in einem abgesteckten Feld abgelegt (relative Windstille oder eine windgeschützte Fläche sind natürlich Voraussetzung).

Die Kinder sollen nun die Luftballons aus dieser Fläche nach außen schießen. Wenn alle Bälle aus dem Feld geschossen sind, bekommen sie die Aufgabe, die Bälle mit dem Fuß zum Platzen zu bringen. Die Reste hebt das Kind auf. Wer die meisten Reste gesammelt hat (damit die meisten zertretenen Luftballons), hat das Spiel gewonnen.

 # Trainingseinheit Geburtstag

Turnierspiel

Nach dem Aufwärmspiel beginnt ein Turnier bestehend aus drei Mannschaften. Das Turnierfeld wird nach Anzahl der Spieler abgesteckt. Das Geburtstagskind ist in seiner Mannschaft Kapitän, bestimmt seine Spielposition und seine Mitspieler. Jede Mannschaft spielt zweimal gegeneinander mit einer Spieldauer von 2 x 5 Minuten (die spielfreie Mannschaft hat somit eine kindgerechte Pause, in der sie trinken und sich auf das nächste Spiel vorbereiten können). Gespielt werden kann mit drei erwachsenen Schiedsrichtern, ganz offiziell mit Linienrichtern und einem Schiedsrichter mit Pfeife. Nach einem Tor erfolgt Anstoß von der Mittellinie. Endet das Turnier, gibt es eine richtige Siegerehrung, vielleicht mit Urkunden oder einem kleinen Preis für jedes Kind.

Das Aufräumen wird von allen Kindern und Erwachsenen zusammen durchgeführt, nur das Geburtstagskind ist davon befreit und darf schon mal seine kleinen Geschenke verstauen.

Psyche und Motivation

Psyche und Motivation

Die folgende Erläuterung bezieht sich größtenteils auf Kinder und Jugendliche ab der E-Jugend. Da es sich hier aber um ein extrem wichtiges Thema handelt, und es der Trainer oder die Trainerin später einmal mit diesen Altersgruppen zu tun hat, fügen wir diesen Exkurs kurz hier ein. Einige Aspekte finden aber auch schon ab der G-Jugend (Bambinis) an Bedeutung.

Bei Sportlern gibt es zwei unterschiedliche psychische Stereotypen und zwar den Athleten "Hoffnung auf Erfolg" und den Athleten "Angst vor Misserfolg".
Diese Erscheinungsformen können unterschiedlich stark ausgeprägt sein.
"Hoffnung auf Erfolg" kann so extrem vorhanden sein, dass der Fußballer viel zu eigensinnig und egozentrisch agiert.
"Angst vor Misserfolg" kann so stark ausgeprägt sein, dass der Fußballer keine Verantwortung und kein Risiko übernehmen will und den Ball so schnell wie möglich weiterspielt (nur Sicherheitspässe).
Hier muss der Fußballtrainer unterschiedlich auf die Jugendlichen Fußballer eingehen. Der Athlet "Angst vor Misserfolg" braucht einen konsequenten Aufbau des Selbstvertrauens. Der Spieler wird im Training mit Aufgaben der Verantwortung beschäftigt. Hierfür gibt es unterschiedliche Aufgabenstellungen, z.B. Darf dieser Spielertyp in einem Trainingsspiel als einziger weite Bälle schlagen, den Freistoß oder die Eckball treten, Einwurf ausführen oder einen Angriff abschließen.

Psyche und Motivation

Weiterhin können diese Jugendfußballer in Spielen gegen wesentlich schwächere Mannschaften mit Führungsaufgaben eingesetzt werden. Hier ist die Wahrscheinlichkeit eines Erfolgs wesentlich höher und das Selbstvertrauen wird gestärkt.

Der Spieler bekommt beispielsweise bestimmte Aufgaben wie, "gehe an der Außenlinie an deinem Gegenspieler vorbei, laufe bei einem Konter mit nach vorne bei einem Anspiel schließt du mit einem Torschuss ab, du schießt den Elfmeter, du spielst überwiegend lange Bälle usw."

Der Athlet „Hoffnung auf Erfolg" muss bei zu egoistischem Spiel gebremst werden. Diese Situation kann allein schon durch ein Gespräch mit dem Trainer bereinigt werden.

Bei einem Scheitern wird der Jugendfußballer mit leichten Sanktionen belegt. Bei Trainingsspielen darf dieser Sportler immer nur maximal dreimal den Ball pro Anspiel berühren, er darf nicht auf das Tor schießen, keinen Einwurf oder Eckball ausführen oder keinen Gegenspieler austricksen.

In einem Wettspiel kann dieser Fußballer z.B. nur mit Defensivaufgaben belegt werden (diese Maßnahme sollte allerdings bei einem offensiven Spieler maximal 15 Minuten betragen, denn wird zu lange gegen die Spielernatur agiert, verliert der jugendliche Spieler das Interesse am Fußball).

Psyche und Motivation

Spieler zusätzlich motivieren

Motivation ist zunächst eine geistige Energieform, die in die Praxis umgesetzt werden muss. Diese Umsetzung muss effektiv auf ein bestimmtes Ziel eingesetzt werden und die Aufrechterhaltung bleibt bis zur Erreichung des Ziels. In der Regel sind die meisten Jugendlichen (Kinder sowieso) in Bezug auf ihre gewählte Sportart motiviert bis stark motiviert (Ausnahmen treten bei familiären Problemen, Alkohol- oder Drogensucht, Erreichen eines zu hohen Übergewichts usw.).

Der Trainer hat die Aufgabe, die Motivation zu erhöhen und in die richtige Richtung zu lenken. Der Motivationsfaktor wird durch die Auswahl der optimalen Trainings-und Übungsformen erreicht, d.h. langweiliges und monotones Aufwärmen oder immer das gleiche Schusstraining sind z.b. zu vermeiden).

Die Schwachpunkte der einzelnen Spieler sind zu analysieren und müssen individuell trainiert werden. Dies kann z.b. über ein Stationentraining (ab F-Jugend) erreicht werden. An den Stationen wird z.b. Einwurf auf Weite trainiert, Schusstraining, Eckballtraining, Kopfballtraining, Passtraining, Fintentraining, Ausdauertraining, Sprinttraining und vieles mehr. Die Spieler werden in Gruppen mit relativ gleichen spielerischen Defiziten aufgeteilt und den entsprechenden Übungsstationen zugeteilt. Nach einiger Zeit wird die Station gewechselt und dabei den Gruppen verstärkt die Übungen zugeteilt, in denen sie den größten Nachholbedarf haben.

 # Trainingseinheiten für Bambinis

Einige Übungen können auch im F-Jugendbereich eingesetzt werden, je nach Leistungsstand und Entwicklung auch die komplette Einheit.

Bei den Bambini dauert eine Trainingseinheit 60 Minuten und sollte in der Regel zur gleichen Zeit beginnen und enden.

In der F-Jugend dauert eine Trainingseinheit etwa 70 – 80 Minuten.

Warum sollte eine Trainingseinheit bei den Bambini 60 Minuten nicht überschreiten?

Wie schon erwähnt ermüden die Kleinen schnell, die Muskulatur ist noch schwach ausgebildet, die Leistungsvoraussetzungen sind sehr unterschiedlich und die Konzentrationsfähigkeit ist noch sehr gering.

Wichtig ist, dass jede größere Überforderung der Kinder vermieden werden muss.

Bei den ersten Anzeichen von Ermüdungen bei einem Kind, wird dieses geschickt im weiteren Trainingsverlauf geschont.

Auch dürfen wir nicht vergessen, dass Kinder ein ganz anderes Zeitempfinden haben. Eine Stunde konzentrierte Bewegung und Spiel von den Bambini bedeutet ungefähr das Gleiche, als wenn wir drei Stunden trainieren und spielen würden.

Besondere Vorsicht ist bei hohen Außentemperaturen geboten. Ausreichend Getränke müssen bereit stehen und immer wieder Pausen im Schatten eingelegt werden.

 # Trainingseinheiten für Bambinis

Bei extremen Außentemperaturen werden Spiele locker im Schatten absolviert.

Merke: Der Trainer oder die Trainerin hat eine hohe Verantwortung gegenüber den Bambini oder den F-Junioren. Bei extremen Wetterlagen wie Hitze und hohe Ozonwerte oder Sturm mit Regen sollte genau überlegt werden, ob und wo das Training stattfindet.

1. Trainingseinheit

Gesprächskreis bilden

Vor jedem Training sollte obligatorisch ein Gesprächskreis gebildet werden, wo z.b. Neuigkeiten oder andere Sachen besprochen werden.

Grundsatz: Im Bambinitraining werden oft Übungen mit einer kurzen Geschichte erläutert. Die Erfahrung hat gezeigt, dass der Spass an den Übungen dadurch noch größer wird und die Kinder die Übungen schneller verstehen!!!

Spiele ohne Ball: Entgegen der langläufigen Meinung, ist es durchaus möglich, eine komplette Trainingseinheit ohne Ball zu praktizieren, da Spaß und Spiel im Vordergrund stehen.

Kettenfangen

Übungsaufbau und Ablauf:
Es wird ein nicht zu großes Viereck abgesteckt. Ein Spieler ist der Fänger.

Die Spieler verteilen sich in dem Viereck. Der Fänger versucht einen Spieler zu fangen. Gelingt dieses, gibt es 2 Fänger, die sich an der Hand halten müssen um den nächsten Spieler zu fangen. Die Kette wird immer größer bis der letzte Spieler gefangen ist.

1. Trainingseinheit

Kettenfangen

www.coachfx.com

Schwänzchen fangen

Übungsaufbau und Ablauf:
Jedem Kind wird ein Leibchen hinten in den Hosenbund
gesteckt. Die Kinder versuchen, möglichst viele Leibchen zu
bekommen und das eigene zu behalten.

Das Spiel ist beendet, wenn alle Leibchen gefangen sind. Wer
hat die meisten gefangen?

1. Trainingseinheit

Schwänzchen fangen

Feuer-Wasser-Sandsturm

Übungsaufbau und Ablauf:
- Viereck bilden. Trainer ruft die nachfolgenden Kommandos
- Wasser: Alle Kinder müssen auf die Bänke.
- Sandsturm: Alle legen sich auf den Boden.
- Feuer von dort: Alle Teilnehmer müssen in die gegenüberliegende Richtung (Ecke).
- Kaffeeklatsch: Alle setzen sich auf den Boden und Klatschen in die Hände.

 # 1. Trainingseinheit

Abschlussspiel

Am Ende erfolgt ein längeres Fußballspiel von zwei Mannschaften, auf einem relativ kleinen Platz, damit viele Tore fallen und relativ kurze Laufwege vorliegen.

Das Abschlussspiel sollte immer mit kleinen Mannschaften absolviert werden, damit die Spieler möglichst viele Ballkontakte haben. Falls nötig müssen 2 Spielfelder abgesteckt werden.

Abbauen als Spiel

Übungsaufbau und Ablauf:
Zum Ende des Trainings stellen sich alle Spieler an der Außenlinie nebeneinander auf. Auf ein Trainerkommando starten sie in das Spielfeld und sammeln alle Hütchen, Stangen und Fahnen etc. auf. Wer die meisten Teile einsammelt hat gewonnen.

2. Trainingseinheit

Gesprächskreis bilden

Vor jedem Training sollte obligatorisch ein Gesprächskreis gebildet werden, wo z.b. Neuigkeiten oder andere Sachen besprochen werden.

Verirrte Eskimos

Übungsaufbau und Ablauf:
4 Gruppen bilden. Die Kinder zweier Gruppen sind die Lotsen und die anderen die Eskimos. Zwei Iglus mit Hütchen abstecken. Die Eskimos bekommen die Augen verbunden und haben sich verlaufen. Die Lotsen dürfen die Eskimos per Zuruf zu ihrem Iglu lotsen. Welche Lotsengruppe hat Ihre Eskimos am schnellsten im Iglo.

Wer hat Angst vor dem bösen Wolf?

Übungsaufbau und Ablauf:
Ein Spieler ist der Wolf und die anderen Spieler stellen sich auf gleicher Höhe und in einer Reihe auf. Der Wolf steht einige Meter hinter der Gruppe. In einigem Abstand ist ein Viereck aufgebaut, in welches die Spieler flüchten können.
Wolf: Wer hat Angst vor dem bösen Wolf?
Spieler: Niemand!
Wolf: Und wenn er kommt?
Spieler: Dann laufen wir! (Alle Spieler laufen los und der Wolf versucht, so viele Spieler wie möglich zu fangen).

2. Trainingseinheit

Farbendribbeln

Übungsaufbau und Ablauf:
Es werden einige farbige Vierecke mit Hütchen aufgebaut (siehe Grafik). Es werden 2 oder mehr Mannschaften gebildet. Jeder Spieler erhält einen Ball. Der Trainer ruft eine Farbe, woraufhin alle Spieler in das farbige Viereck dribbeln. Das Team, welches zuerst alle Spieler mit Ball im Viereck hat bekommt 2 Punkte, das nächste einen.

Variation:
Gleiche Übung ohne Ball.

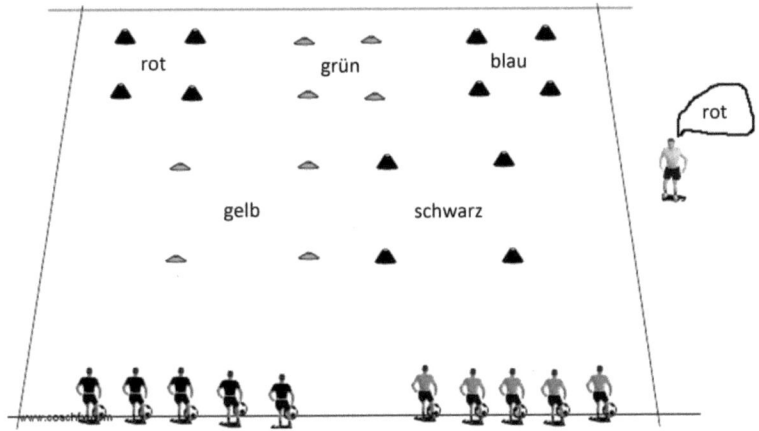

51

2. Trainingseinheit

Fußballspiel

Danach erfolgt ein längeres Fußballspiel von zwei Mannschaften, auf einem relativ kleinen Platz, damit viele Tore fallen und relativ kurze Laufwege vorliegen.

Das Abschlussspiel sollte immer mit kleinen Mannschaften absolviert werden, damit die Spieler möglichst viele Ballkontakte haben. Falls nötig müssen 2 Spielfelder abgesteckt werden.

Abbauen als Spiel

Übungsaufbau und Ablauf:
Zum Ende des Trainings stellen sich alle Spieler an der Außenlinie nebeneinander auf. Auf ein Trainerkommando starten sie in das Spielfeld und sammeln alle Hütchen, Stangen und Fahnen etc. auf. Wer die meisten Teile einsammelt, hat gewonnen.

3. Trainingseinheit

Gesprächskreis bilden

Dribbel- und Kurzpassübung

Die Kinder laufen im Sechzehnmeterraum, die eine Hälfte mit Ball, die andere ohne. Immer, wenn ein Kind ohne Ball den Weg kreuzt, muss der ballführende Spieler den Ball abgeben. Die Übung sollte nur 3 – 4 Minuten gespielt werden.

Raupenrennen

Übungsaufbau und Ablauf:
Zwei Mannschaften bilden. Die Kinder müssen sich auf den Boden knien und halten sich an den Fußgelenken vom Vordermann fest. Auf ein Trainerkommando müssen die Raupen so schnell wie möglich ins Ziel kriechen. Die Raupe muss immer zusammenbleiben, ansonsten erhält die gegnerische Mannschaft einen Punkt. Die Raupe, die gewinnt erhält einen Punkt. Welche Mannschaft hat zuerst 5 Punkte?

Schubkarre

Übungsaufbau und Ablauf:
Es werden mehrere Mannschaften mit jeweils 2 Kindern gebildet. Die Schubkarre muss so schnell wie möglich um ein Hütchen und zurück über die Startlinie. Schubkarre: Ein Kind läuft auf den Händen, das andere steht dahinter und hält die Fußgelenke fest.

3. Trainingseinheit

Autorennen

Übungsaufbau und Ablauf:
Es wird eine Rennbahn mit Hütchen aufgebaut, die am Ende zu einem Tor führt. Alle Spieler stellen sich an der Startlinie mit Ball auf. Auf ein Trainerkommando beginnt das Rennen. Die Spieler dribbeln entlang der Rennstrecke und schießen den Ball am Ende der Strecke ins Tor. Welche Spieler erzielen die schnellsten Tore?

Variation:
Die Spieler tragen den Ball und werfen diesen dann ins Tor.

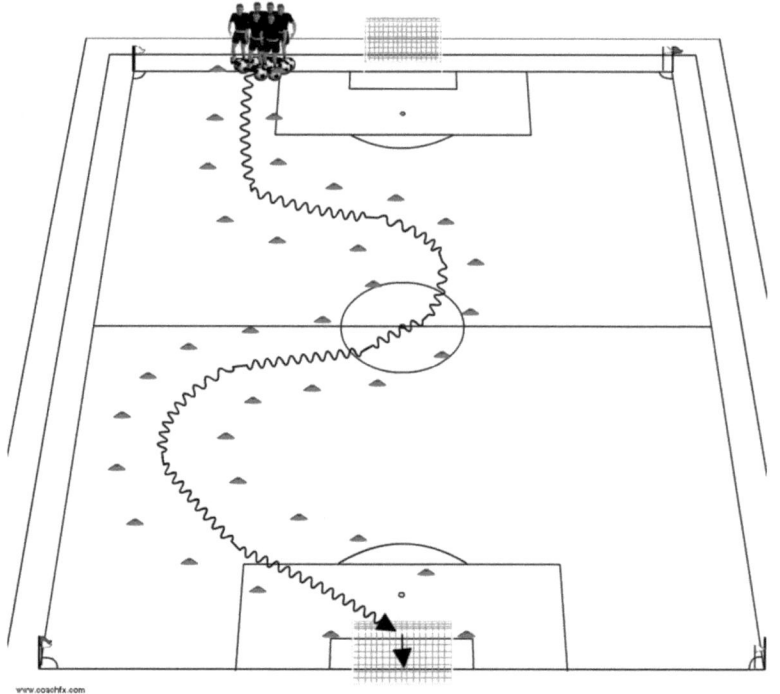

www.coachfx.com

3. Trainingseinheit

Abschlussspiel auf mehrere Tore

Übungsaufbau und Ablauf: siehe Grafik

Abbauen als Spiel

Übungsaufbau und Ablauf:
Zum Ende des Trainings stellen sich alle Spieler an der Außenlinie nebeneinander auf. Auf ein Trainerkommando starten sie in das Spielfeld und sammeln alle Hütchen, Stangen und Fahnen etc. auf. Wer die meisten Teile einsammelt, hat gewonnen.

4. Trainingseinheit

Gesprächskreis bilden

Sprintduelle

Übungsaufbau und Ablauf:
Es werden 4 Vierecke mit jeweils 4 Hütchen markiert. Der Trainer bildet 2 Teams die sich nebeneinander jeweils in einem Viereck aufstellen. In den anderen beiden Vierecken werden alle Bälle gleich verteilt abgelegt. Auf ein Trainerkommando starten die jeweils ersten Spieler eines Teams zu ihrem Viereck und holen einen Ball, den sie mit den Händen tragen. Welches Team hat alle Bälle zuerst in seinem Viereck?

Variation:
Die Bälle werden mit dem Fuß gespielt.
etc.

4. Trainingseinheit

Betreuerschießen

Übungsaufbau und Ablauf:

Jetzt stellen sich alle Betreuer ins Tor. Entweder zählen die erzielten Tore oder die angeschossenen Betreuer.

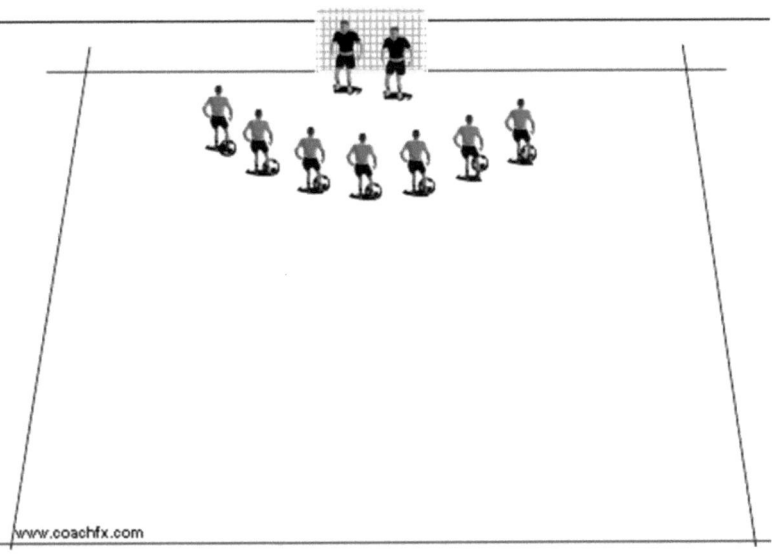

www.coachfx.com

57

4. Trainingseinheit

Betreuerschießen 2

Übungsaufbau und Ablauf:
Es wird ein Viereck mit vier Hütchen in der Mitte der Trainingsfläche aufgebaut. Das Viereck sollte nicht größer als 3*3 Meter sein. Die Kinder verteilen sich alle mit Ball um das Viereck. Andere Bälle liegen zusätzlich im Feld. Auf ein Kommando schießen alle Spieler ins Viereck und versuchen die Betreuer zu treffen. Nach dem Schuss nehmen sich die Spieler einen freien Ball und schießen erneut. Wer erzielt die meisten Treffer?

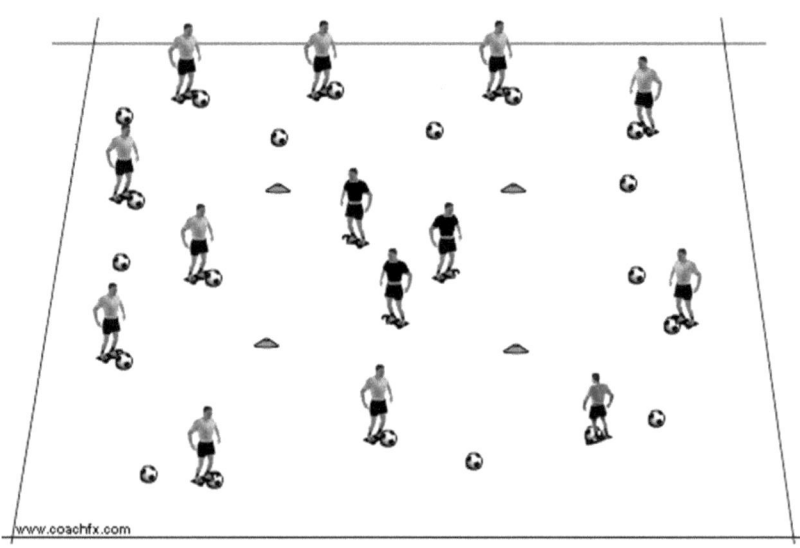

4. Trainingseinheit

Zielschießen

Übungsaufbau und Ablauf:
Je nach Anzahl der Spieler und Betreuer werden 3 oder mehr spitz zulaufende Punktefelder (Dreiecke) mit Hütchen aufgebaut.
Dahinter befindet sich, wenn möglich ein etwas größeres Hütchen oder ein anderer Gegenstand.
Ca. 5 Meter davor wird eine Schusslinie mittels Fahnen abgesteckt. Nochmals ca. 15 Meter davor befinden sich gleichgroße Gruppen mit Ball (siehe Grafik).

Auf ein Trainerkommando dribbeln die jeweils ersten Spieler jeder Gruppe bis zur Schusslinie, und versuchen von dort aus durch das Punktefeld zu schießen.
Verlässt der Ball, z.B. nach dem dritten Hütchen das Dreieck bekommt der Spieler, und damit die Mannschaft 3 Punkte.
Der Spieler holt seinen Ball und läuft so schnell wie möglich zu seiner Gruppe zurück (hierbei kann der Ball getragen oder auch gedribbelt werden).
Jetzt folgt ein weiteres Trainerkommando, und der jeweils nächste Spieler ist an der Reihe, etc.

Welche Mannschaft hat nach einigen Durchgängen die meisten Punkte?

Zielschiessen

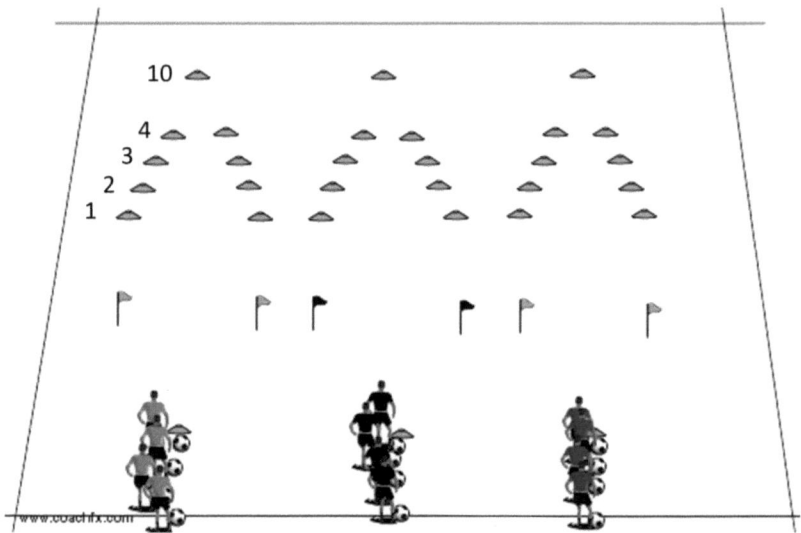

Abschlussspiel

Die Kinder spielen wieder auf mehrere Tore (siehe Trainingseinheit 3). Diesmal wird die Spielfläche relativ klein gehalten, und der Ball darf nur mit dem linken Fuß geführt und geschossen werden.

Der Einwurf wird mit der linken Hand ins Spielfeld gerollt.

5. Trainingseinheit

Gesprächskreis bilden

Steh Bock, lauf Bock

Übungsaufbau und Ablauf:
Ein Kind wird als Fänger ausgewählt. Die anderen Kinder befinden sich in einem abgegrenzten Spielfeld. Der Fänger probiert die Anderen zu fangen. Wenn ihm das gelingt, muss das gefangene Kind stehen bleiben, und sich in eine Grätschstellung begeben. Ein nicht gefangenes Kind kann ein gefangenes Kind befreien, indem es durch die Beine krabbelt. Ziel des Fängers ist es, möglichst alle Gruppenmitglieder zu fangen, bevor ein noch freies Kind ein gefangenes befreien kann.
Ist das Fangen für ein Kind zu schwer, werden mit der Zeit zwei oder drei Fänger eingesetzt.

Hütchenwald

Übungsaufbau und Ablauf:
Die Spieler werden in 2 Gruppen eingeteilt.
Zwei Tore mit Torhütern im Abstand von ca. 30 Metern gegenüber aufstellen.
Hütchenwald mit 2 verschiedenen Farben errichten (siehe Grafik).
Neben den Toren werden jeweils 3 kleine Hürden aufgebaut.
Jeder Gruppe wird ein Tor und eine Hütchenfarbe zugewiesen. Die Kinder dribbeln im Hütchenwald und müssen zuerst

5. Trainingseinheit

4 Hütchen der eigenen Mannschaft beim Dribbling mit der Hand berühren.

Anschließend dribbelt der Spieler jeweils zum gegnerischen Tor und schießt von der markierten Linie aus aufs Tor.

Auf dem Rückweg zum Hütchenwald wird zu den Hürden gedribbelt. Der Ball wird durch die Hürden gespielt, und der Spieler überspringt diese (siehe Grafik).

Variation:

Vor dem Hütchen den Ball in die Hände nehmen und das Hütchen überspringen.

Hütchenwald

5. Trainingseinheit

Spiele "3 gegen 3"

Übungsaufbau und Ablauf:

Es werden vier Mannschaften mit jeweils 2 oder 3 Spielern gebildet. Es werden 2 Felder gebildet auf denen jeweils 2 Teams gegeneinander, auf Hockeytore oder Hütchentore ohne Torwart, spielen.

Welche Mannschaft erzielt die meisten Tore?

Abschlussspiel auf mehrere Tore

Übungsaufbau und Ablauf: siehe Grafik

6. Trainingseinheit

Gesprächskreis bilden

Fangt die Diebe

Übungsaufbau und Ablauf:
Es werden 2 oder 3 Kinder als Polizisten ausgewählt. Diese Kinder bekommen ein Leibchen. Die restlichen Kinder sind Diebe. Mit vier Hütchen wird ein Gefängnis aufgebaut. Auf ein Trainerkommando versuchen die Polizisten die Diebe zu fangen. Hier reicht eine leichte Berührung und der Dieb muss ins Gefängnis gehen. Schaffen die Polizisten es, alle Diebe in einer vorgegebenen Zeit zu verhaften?

www.coachfx.com

6. Trainingseinheit

Liniendribbeln

Übungsaufbau und Ablauf:
Die hellen Spieler versuchen ihre jeweilige Linie zu verteidigen. Die dunklen Spieler versuchen durch beide Linien zu dribbeln. Gelingt dieses, gibt es 2 Punkte. Wird nur eine Linie durchdribbelt, gibt es einen Punkt, sonst keinen. Nach einiger Zeit werden die Aufgaben gewechselt.
Welches Team bekommt die meisten Punkte?
Aufbau siehe Grafik

 # 6. Trainingseinheit

Dribbeln und Passen

Übungsaufbau und Ablauf:
Es werden Paare mit jeweils einem Ball gebildet. Der Spieler mit Ball dribbelt zum nächsten Hütchentor und passt dem mitgelaufenen Partner den Ball durch das Hütchentor zu. Dieser dribbelt jetzt zum nächsten Hütchentor und passt den Ball wieder durch das Tor zum Mitspieler usw.
Aufbau siehe Grafik

Am Ende des Trainings erfolgt ein normales **Abschlussspiel**.

7. Trainingseinheit

Wegen ihrer Wichtigkeit wird diese Trainingseinheit aus der Einleitung (Seiten 36-39) noch einmal wiederholt.

Ein Kind hat Geburtstag und der Gesprächskreis findet in einer ganz anderen Form statt. Das Geburtstagkind wird von allen Kindern und Erwachsenen gefeiert.

Bänke und Tische sind aufgebaut mit Tellern, Besteck, Gläser, Getränke und etwas zum Naschen.

Die Getränke sollten überwiegend Apfelschorle und Wasser sein. Hier hat der Trainer oder die Trainerin eine Vorbildfunktion auch für die Eltern, süße Limonaden in großer Menge sind schädlich für Kinder (allein schon wegen hoher Kariesgefahr).

Das süße Essen könnte z.B. aus einem Mohrenkopf und einem kleinen Muffin pro Kind bestehen (damit ist der Bauch auch nicht zu voll).

Auch hier ist wieder eine Vorbildfunktion angebracht, Bonbons, Lutscher usw. in Hülle und Fülle sind genauso schädlich, und zu vermeiden.

Merke: Bonbons, Lutscher, Kaugummis usw. dürfen den Kleinen nicht vor dem Training oder einem Wettspiel gegeben werden. Die Gefahr eines Verschluckens während der Belastung mit schlimmen Folgen, ist nicht auszuschließen.

Wir dürfen auch nicht vergessen, dass diese Süßigkeiten (in Form von Industriezucker) ungesund sind.

Ein regelmäßiger Verzehr oder eine Aufnahme in großer Menge sollte vermieden werden.

Alle Kinder und Erwachsenen sitzen am Tisch. Sie gratulieren und feiern das Geburtstagskind. Kleine Geschenke (aber wirk-

7. Trainingseinheit

lich nur Kleinigkeiten) werden überreicht und ein Geburtstagslied wird gesungen.

Nach dem Essen und Trinken erfolgt ein kleines Geburtstagsfest-Aufwärmen.

Viele im Vorfeld aufgeblasene Luftballons werden in einem abgesteckten Feld abgelegt (relative Windstille oder eine windgeschützte Fläche sind natürlich Voraussetzung).

Die Kinder sollen nun die Luftballons aus dieser Fläche nach außen schießen. Wenn alle Bälle aus dem Feld geschossen sind, bekommen sie die Aufgabe, die Bälle mit dem Fuß zum Platzen zu bringen.

Die Reste hebt das Kind auf. Wer die meisten Reste gesammelt hat (damit die meisten zertretenen Luftballons), hat das Spiel gewonnen.

Turnierspiel

Nach dem Aufwärmspiel beginnt ein Turnier bestehend aus drei Mannschaften. Das Turnierfeld wird nach Anzahl der Spieler abgesteckt.

Das Geburtstagskind ist in seiner Mannschaft Kapitän, bestimmt seine Spielposition und seine Mitspieler.

Jede Mannschaft spielt zweimal gegeneinander mit einer Spieldauer von 2 x 5 Minuten (die spielfreie Mannschaft hat somit eine kindgerechte Pause, in der sie trinken und sich auf das nächste Spiel vorbereiten können).

Gespielt werden kann mit drei erwachsenen Schiedsrichtern, ganz offiziell mit Linienrichtern und einem Schiedsrichter mit Pfeife. Nach einem Tor erfolgt Anstoß von der Mittellinie.

7. Trainingseinheit

Endet das Turnier, gibt es eine richtige Siegerehrung, vielleicht mit Urkunden oder einem kleinen Preis für jedes Kind.

Das Aufräumen wird von allen Kindern und Erwachsenen zusammen durchgeführt, nur das Geburtstagskind ist davon befreit und darf schon mal seine kleinen Geschenke verstauen.

8. Trainingseinheit

Gesprächskreis bilden

Aufwärmübung/Kurzpassübung

Es werden Vierergruppen gebildet, die sich in ein paar Metern zueinander im Viereck aufstellen.
Die Kinder haben nun die Aufgabe, sich den Ball mit der Innenseite genau zuzuspielen (die Übung darf nur kurz eingesetzt werden, da sie sonst zur Langeweile führt).

Staffellauf

Es erfolgt ein Staffellauf von zwei Mannschaften gegeneinander, die Siegermannschaft darf sich das nächste Spiel oder Übung ausdenken.
Die beiden Mannschaften laufen parallel zueinander, wobei jede die gleiche Strecke von etwa 20 Metern läuft, danach wird die Staffel an den nächsten Läufer gegeben (hier darf natürlich kein harter Staffelstab genommen werden, sondern vielleicht ein großes Band).
Die Schlussläufer müssen über eine Markierung laufen, wie bei einem echten Staffellauf.
Bei einer ungeraden Zahl von Kindern, darf ein Kind das Startkommando abgeben.

Die nächste Übung oder das nächste Spiel bestimmt nun die Siegermannschaft im Staffellauf.

8. Trainingseinheit

Kinderkegeln

Es werden wieder zwei Mannschaften gebildet. Die zu kegelnde Mannschaft steht starr im Kegelraum. Die Kinder haben die Vorstellung, dass sie echte Kegel sind und werden auch dementsprechend positioniert (einer vorn, zwei dahinter, drei dahinter usw. mit einem Abstand von etwa drei Metern zueinander). Die kegelnde Mannschaft steht mit anderthalb Metern Abstand zum ersten Kegel an einer Markierung, die nicht überschritten werden darf.
Jeder Kegler hat zwei Bälle und rollt sie nacheinander auf die Kegel. Wird ein Kind von einem Ball getroffen, lässt es sich zu Boden fallen (durch den großen Abstand fällt kein Kind ins andere).
Welche Mannschaft trifft die meisten Kegel?
Variation:
Jetzt werden die Bälle mit der Seite und flach geschossen.

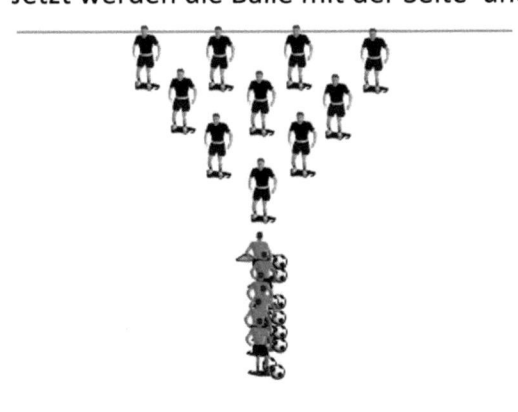

Am Ende des Trainings erfolgt ein normales **Abschlussspiel.**

# 9. Trainingseinheit

Gesprächskreis bilden

Aufwärmübung/Wurfübung

Die Kinder befinden sich in einem relativ kleinen abgesteckten Feld. Der Trainer wirft zwei kleine Schaumstoffbälle hinein. Nun sollen sich die Kleinen gegenseitig mit Ball abwerfen. Wer getroffen wurde, muss das Feld verlassen, und der auf den Boden fallende Ball kann von jedem Kind wieder zum nächsten Wurf aufgenommen werden.
Welches Kind bleibt bis zum Schluss im Feld?
Die Übung kann nach dem ersten Durchgang wiederholt werden.

Schussübung

Nach dem Wurfspiel wird die gleiche Übung mit dem Abschießen durch den Fuß gespielt.

Dribbel- und Schussübung

Hier beginnen wir mit einer kleinen Geschichte. Die Kleinen sollen sich vorstellen, sie wurden in einem wichtigen Spiel kurz vor dem Tor gefoult und bekamen keinen Freistoß. Jetzt sind sie richtig sauer, rappeln sich vom Boden auf und schießen mit voller Wucht auf das Tor.

9. Trainingseinheit

Bei der Übung sieht das folgendermaßen aus:
Ein Bambini dribbelt auf das Tor mit Torwart zu. Der Trainer steht mit einem großen Gymnastikreifen (am besten aus Plastik und einem kantenlosen Ring) etwa 8 Meter vor dem Tor und hält den Reifen leicht senkrecht nach unten fest mit Bodenkontakt. Der kleine Spieler oder die kleine Spielerin passen den Ball durch den Ring und müssen nun auf allen Vieren durch den Reifen krabbeln (sie wurden ja gefoult). Danach sofort aufstehen und den Ball auf das Tor schießen (die Schussnähe zum Tor ist abhängig von der jeweiligen Schusskraft und individuell festzulegen).
Die Übung geht der Reihe nach.

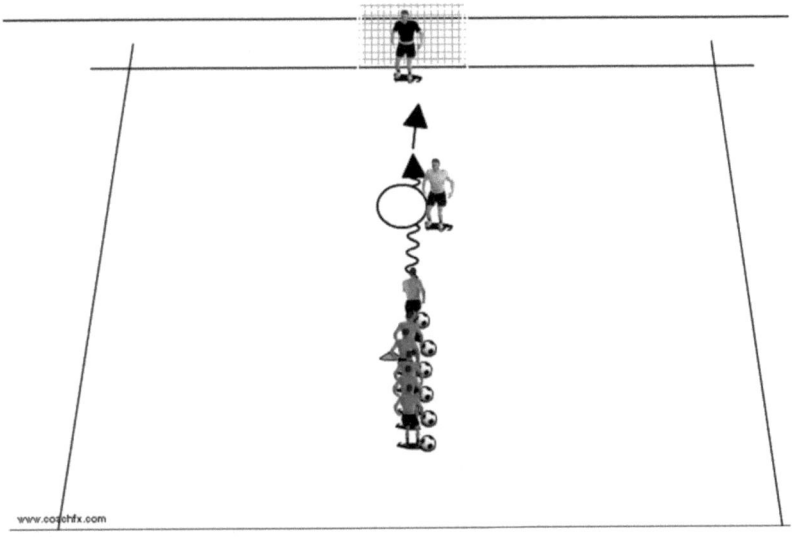

9. Trainingseinheit

Abschlussspiel auf mehrere Tore

Übungsaufbau und Ablauf: siehe Grafik

Das Abschlussspiel sollte immer mit kleinen Mannschaften absolviert werden, damit die Spieler möglichst viele Ball-kontakte haben. Falls nötig müssen 2 Spielfelder abgesteckt werden.

10. Trainingseinheit

Gesprächskreis bilden

Aufwärmspiel: Schweinchen in der Mitte

In einem relativ kleinen Feld gibt es einen Fänger und Einen, der gefangen werden muss. Die anderen Kinder sitzen in Zweiergruppen eng nebeneinander (mit dem Gesicht in die gleiche Richtung) und gleichmäßig verteilt im Raum. Setzt sich der Gejagte rechtzeitig zu einer Zweiergruppe an den Rand, so dass jetzt alle drei nebeneinander eng zusammensitzen, muss das Kind auf der anderen Außenseite jetzt rechtzeitig aufstehen und weglaufen, weil es die Position des Gejagten einnimmt.

Bei der gebildeten Dreiergruppe muss sich das dritte Kind natürlich auch richtig herumsetzen, d.h. alle schauen in die gleiche Richtung und der Rücken zeigt in die gleiche Richtung. Setzt sich ein Kind falsch hin, darf es trotzdem gefangen werden und wird zum Jäger.

Wird der Gejagte vom Jäger berührt, wird dieser zum Jäger. Das andere Kind setzt sich zu einer Zweiergruppe und bestimmt den nächsten Gejagten an der anderen Außenseite.

Variation:
Das Fangspiel beginnt mit zwei Jägern und zwei Gejagten.

Bemerkung: In der Praxis haben wir dieses Fangspiel noch nicht mit Bambini ausprobiert, bei F-Jugendlichen hat es funktioniert und den Kindern viel Spaß gemacht.

Variation im Stehen

Torschussspiel

Es werden zwei Gruppen gebildet, die sich wieder in Zweiergruppen zusammentun.

In jeder Gruppe wird eine Zweiergruppe zu scheinbar unbesiegbaren Torleuten erklärt. Diese Torleute stellen sich in ein Tor und auf der anderen Seite das Gleiche.

Die Zweiergruppen laufen nun nacheinander mit einem Ball auf die Unbesiegbaren zu und müssen von einer bestimmten Entfernung auf das Tor schießen. Während des Anrennens wird auch abgespielt und der Torschütze bestimmt.

10. Trainingseinheit

Gelingt das Tor, werden der Torschütze und sein Partner zu den Unbesiegbaren erklärt und übernehmen das Tor, die vorher Unbesiegbaren müssen nun auch auf das Tor anlaufen und wollen natürlich ihren Status zurück.

Es werden hier zwei Gruppen gebildet, die unabhängig voneinander auf ihr Tor schießen, damit die Wartezeiten nicht zu lang werden.
Die Torentfernung wird so gewählt, dass die Unbesiegbaren eine gute Chance haben, die Bälle abzuwehren.

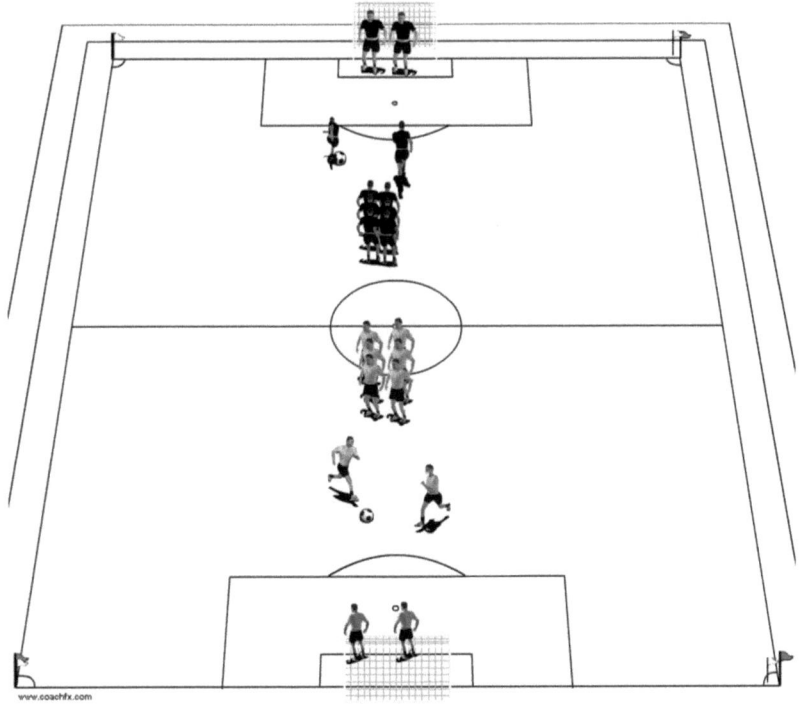

Am Ende des Trainings erfolgt ein **Abschlussspiel**.

11. Trainingseinheit

Gesprächskreis bilden

Kartoffelrennen/Aufwärmübung

Wir benötigen für diese Übung vier Esslöffel und zwei Kartoffeln, die optimal in diese Löffel passen.

Es werden zwei Mannschaften gebildet, die die Aufgabe haben, ein Ferkelchen mit der Kartoffel zu füttern. Dafür muss aber jedes Kind einer Mannschaft ein kleines Stück mit der Kartoffel im Löffel laufen oder gehen, die Kartoffel an den Nächsten in den anderen Löffel legen und den eigenen Löffel weiterreichen. Das letzte Kind in der Staffel muss die Kartoffel in eine bestimmte Zone ablegen (z.b. ein ganz klein abgestecktes Feld in dem ein Stofftier, am besten ein Ferkel steht).

Welche Mannschaft füttert sein Ferkel zuerst?

Übungsablauf

Zwei Mannschaften stehen nebeneinander und jeweils fünf Meter von einer Fahnenstange frontal entfernt. Die Startläufer laufen mit dem Löffel in der Hand und der Kartoffel in dem Löffel auf die Fahne zu, dann um die Fahne herum und zurück zum Start. Nachdem sie die Startlinie wieder überschritten haben, dürfen sie die Kartoffel in die Hand nehmen und dem nächsten Läufer in den Löffel legen, der dann losläuft. Der angekommene Läufer übergibt dann seinen Löffel an den übernächsten Läufer usw.

Der letzte Läufer muss dann die Kartoffel bis in die Ferkelzone mit dem Löffel laufen, und darf dann erst die Kartoffel in die

11. Trainingseinheit

Hand nehmen und beim Ferkel absetzen.

Verliert ein Kind die Kartoffel unterwegs, muss es sie aufheben, in den Löffel legen und darf erst dann weiterlaufen.

Der Trainer oder die Trainerin verdeutlicht den Kindern, dass sie bei einem schnellen Laufen eher die Kartoffel verlieren und damit auch Zeit und eventuell ein langsames Laufen oder sogar Gehen von Vorteil sein kann.

# 11. Trainingseinheit

Ferkel will Fußball spielen

Jetzt wird die gleiche Übung durchgeführt, allerdings mit einem Fußball. Die ersten Läufer halten jetzt mit beiden Händen einen Fußball fest, und laufen wieder um die Fahnenstange und übergeben schließlich den Ball an den Nächsten usw.
Der letzte Läufer rennt wieder zum Ferkel und gibt ihm den Ball.

Welche Mannschaft übergibt zuerst dem Ferkel den Ball, damit es Fußball spielen kann?

Ferkel will wieder Fußball spielen

Die zwei Mannschaften treten wieder gegeneinander an, aber jetzt muss der Ball mit dem Fuß geführt werden.

Ferkel wird abgeschossen

Jedes Kind bekommt einen Ball und alle dribbeln gleichzeitig auf ein Tor zu, in dem der Trainer oder die Trainerin steht. Von einer vereinbarten Entfernung schießen alle Kinder gleichzeitig auf das Tor. Nein, sie wollen kein Tor schießen. Sondern, wer trifft das Ferkel zwischen den zwei Pfosten?

11. Trainingseinheit

Torschussübung

Je ein Spieler der beiden Mannschaften dribbelt auf das Tor zu, in dem wieder der Trainer/in steht und schießen wieder von einer vereinbarten Entfernung auf das Tor. Haben sie geschossen, starten die nächsten Spieler.
Welche Mannschaft schießt die meisten Tore?

Am Ende des Trainings erfolgt ein **Abschlussspiel.**

Das Abschlussspiel sollte immer mit kleinen Mannschaften absolviert werden, damit die Spieler möglichst viele Ballkontakte haben. Falls nötig müssen 2 Spielfelder abgesteckt werden.

12. Trainingseinheit

Training außerhalb der Sportanlage

Trainingseinheiten außerhalb der Sportanlage sind bei Bambinis und F-Jugendlichen eine willkommene Abwechslung. Denkbar sind hier Veranstaltungen auf einem ausgewählten **Spielplatz** mit einem kleinen Bolzplatz, in einem geeigneten **Tierpark**, nicht nur mit interessanten Tieren, sondern auch mit einem Bolz- und einem Spielplatz, oder in einem **Freibad**.
Wichtig ist hier, dass genügend Eltern als zusätzliche Betreuer dabei sind.
Es wird ein kleines Fußballturnier organisiert und die Kinder, die spielfrei haben, können ungestört unter Aufsicht herumtollen.
Unter Umständen können die Kleinen hier bis zu drei Stunden verbringen, wobei das Fußballturnier wesentlich kürzer ist.
Genügend Getränke und kleine Knabbereien müssen natürlich dabei sein.

Noch einmal zur Erinnerung:

Die Getränke sollten überwiegend Apfelschorle und Wasser sein. Hier hat der Trainer oder die Trainerin eine Vorbildfunktion auch für die Eltern, süße Limonaden in großer Menge sind schädlich für Kinder (allein schon wegen hoher Kariesgefahr).
Die Knabbereien könnten aus Obst, Plätzchen (nicht zu süß), Butterbroten, Brötchen usw. zusammengestellt werden.

13. Trainingseinheit

Gesprächskreis bilden

Schattenlauf

Es wird ein Quadrat abgesteckt, in denen sich Paare bilden, von denen jeweils einer als Schattengeber und der andere als Schatten bestimmt wird. Der Schattengeber läuft los und erfüllt verschiedene Aufgaben, wie z.B. rückwärtslaufen hüpfen, etc. Der Schatten läuft hinterher und macht alle Bewegungen des Schattengebers nach.

Handball

Es werden 2 Mannschaften gebildet, die im Quadrat auf Minitore Handball spielen.
Hier kann auch gleichzeitig mit mehreren Bällen gespielt werden. Nach einiger Zeit wird aus dem Handballspiel ein Fußballspiel und danach wieder ein Handballspiel und so weiter. Diese Übung eignet sich auch sehr gut als **Hallentraining**.

Weltreise

Ein ca. 10 x 10 Meter großes Quadrat einrichten.
Dieses Quadrat stellt Europa dar. 5 weitere kleine Felder einrichten, die die übrigen Kontinente darstellen. Alle Spieler befinden sich mit Ball in Europa.

13. Trainingseinheit

Auf ein Trainerkommando beginnt die Weltreise, indem die Kinder in einen beliebigen Kontinent dribbeln und wieder zurück. Welches Kind beendet die Weltreise als Erstes?

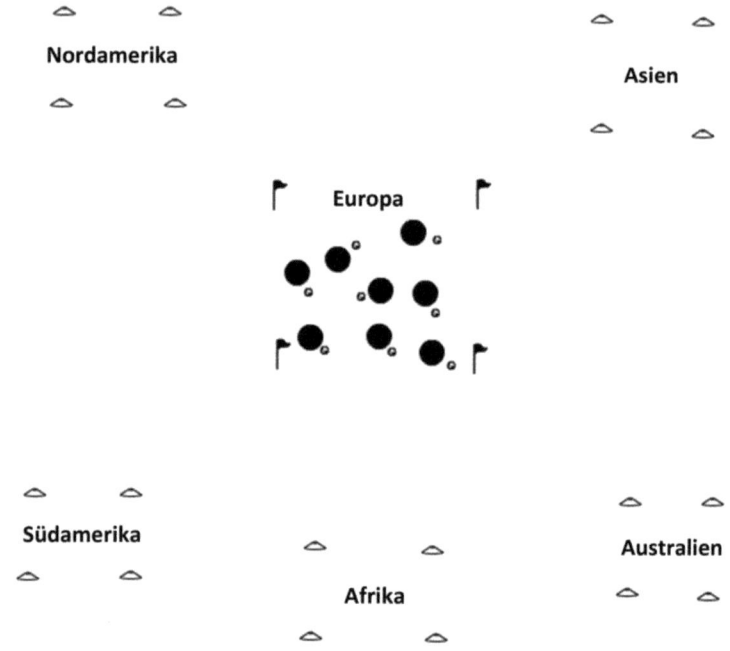

Am Ende des Trainings erfolgt ein **Abschlussspiel**.

Das Abschlussspiel sollte immer mit kleinen Mannschaften absolviert werden, damit die Spieler möglichst viele Ball-kontakte haben. Falls nötig müssen 2 Spielfelder abgesteckt werden.

14. Trainingseinheit

Gesprächskreis bilden

Blinder Floh

Es wird ein nicht zu großes Quadrat abgesteckt. Alle Spieler sind Flöhe und dürfen sich nur hüpfend bewegen. Ein Spieler wird als „blinder Floh" bestimmt und bekommt die Augen verbunden. Ziel des blinden Flohs ist es, einen anderen Floh zu fangen. Im Gegensatz zu den anderen Flöhen darf der blinde Floh so oft hüpfen, wie er will. Die anderen dürfen nur 5- oder 10-mal hüpfen. Wird ein Floh gefangen, wird er zum blinden Floh.

Der weiße Hai

Die Spieler schwimmen im Atlantik (linkes Viereck) und machen dabei liegend Schwimmbewegungen. Der Trainer ruft: "Der Hai" und alle stehen so schnell wie möglich auf und laufen zum rettenden Ufer (rechtes Viereck).

14. Trainingseinheit

Nummernspiel

Ein ca. 10 x 10 Meter großes Quadrat einrichten, indem sich alle Spieler mit Ball befinden. Außerhalb des Quadrats befinden sich 2 Tore mit Torhütern (siehe Grafik). 2 gleichgroße Mannschaften bilden und jedem Spieler eine Zahl zuweisen (bei einer Mannschaftsstärke von 5 Spielern, die Zahlen von 1-5). Die Spieler dribbeln frei im Quadrat. Der Trainer ruft eine Zahl. Die aufgerufenen Spieler starten ins Spielfeld und versuchen ein Tor zu erzielen.

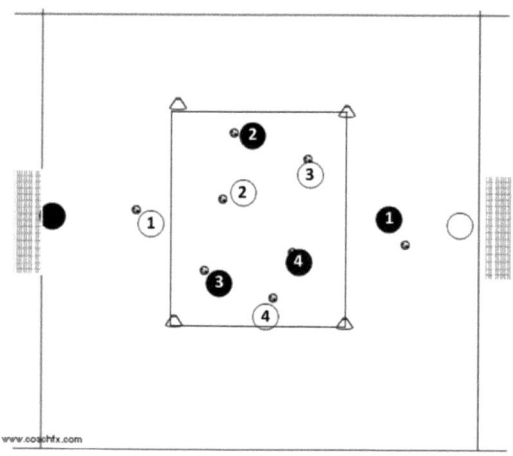

Torschussübung

2 Tore aufbauen und besetzen. 2 gleichstarke Gruppen bilden. Es wird ein einfacher Dribbelparcour mit Hütchen eingerichtet. Nach Erreichen des letzten Hütchens wird auf das Tor geschossen.

Abschlussspiel

 # 15. Trainingseinheit Halle

Gesprächskreis bilden

Die Halle ist für die Kleinen etwas ganz Besonderes. Der Gesprächskreis sollte deswegen nur von kurzer Dauer sein, denn die Kinder wollen jetzt "action".

Schwänzchen fangen

Als Aufwärmübung könnte man hier wieder „Schwänzchen fangen" spielen.

Übungsaufbau und Ablauf:
Jedem Kind wird ein Leibchen hinten in den Hosenbund gesteckt. Die Kinder versuchen, möglichst viele Leibchen zu bekommen und das eigene zu behalten. Das Spiel ist beendet, wenn alle Leibchen gefangen sind. Wer hat die meisten gefangen?

www.coachfx.com

15. Trainingseinheit Halle

Schuss- und Laufübung/Geschicklichkeit

Die Handballtore werden aufgebaut (wir brauchen hier mindestens zwei zusätzliche Betreuer, während der Trainer die Übung erklärt).

Die Tore müssen absolut feststehen, und beim Aufbau darf kein kleiner Fußballer in der Nähe sein. Ein umfallendes Handballtor kann für die Kleinen lebensgefährlich sein.

Zu beiden Toren wird ein Hindernisparcour aufgebaut, bestehend aus Fahnenstangen, Turnmatten und einer Hochsprungmatte.

Von der Hallenmitte aus werden zuerst hintereinander vier Fahnenstangen in einem Abstand von einem Meter aufgebaut, dann folgen zwei Turnmatten hintereinander und ohne Abstand in Längsrichtung aneinander gelegt und zum Schluss die Hochsprungmatte auch in Längsrichtung und ohne Abstand zu den Turnmatten.

Das Gleiche wird in Richtung des anderen Tores aufgebaut.

Ca. zwei Meter von der Hochsprungmatte entfernt liegen sehr viele Bälle nebeneinander (siehe Grafik).

Der Abstand von dem Tor zu den Bällen wird so gewählt, dass es nicht unbedingt leicht für die Kleinen ist, das Tor zu treffen.

Die Bälle sind Gymnastikbälle, Volleybälle, Handbälle und Fußbälle (in diesem Alter können die Kinder nicht so hart schießen, dass die Nicht-Fußbälle einen Schaden erleiden).

15. Trainingseinheit Halle

Schuss- und Laufübung/Geschicklichkeit

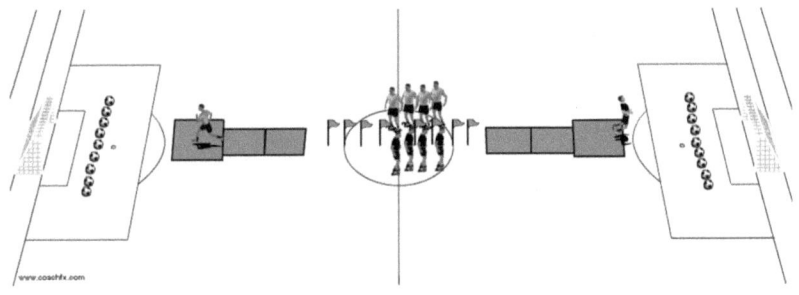

Die Kinder werden in zwei Gruppen eingeteilt und der Trainer erzählt folgende Geschichte zu dem bevorstehenden Wettkampf:

Der Ball liegt vor dem gegnerischen Tor und kein Torwart ist in der Nähe. Du kannst den Ball erreichen und auf das Tor schießen, aber der Weg dorthin ist beschwerlich. Zuerst musst du im Slalom durch die Abwehrfront laufen (Fahnenstangen), dann über sandigen Untergrund (Turnmatten), schließlich durch stark aufgeweichten Boden (Hochsprungmatte) und zum Schluss musst du einen kleinen Sprung von einem Minihügel machen (Hochsprungmattenkante), noch einige Schritte laufen und ins leere Tor schießen.

15. Trainingseinheit Halle

Du darfst aber immer nur einen Ball schießen und keinen anderen Ball berühren, sonst scheidet dieser für den weiteren Wettkampf aus.

Genauer Ablauf:
Auf Kommando laufen die ersten beiden Kinder los. In jeder Mannschaft stehen sie hintereinander. Wenn der Ball geschossen worden ist, läuft das nächste Kind los. Nach dem Torschuss wird zurückgelaufen und sich hinten wieder angestellt.
Der Wettkampf ist beendet, wenn beide Mannschaften alle Bälle geschossen haben.
Die schnellere Mannschaft bekommt einen Punkt Bonus.
Dann werden alle Bälle im Tor gezählt, und die Mannschaft mit den meisten Punkten hat gewonnen.

Dribbel- und Torschussübung/Geschicklichkeit

Die Hochsprungmatten werden schnell entfernt und die Turnmatten parallel mit der Längsseite nebeneinander gelegt, allerdings mit einem Abstand von 50 Zentimetern. Die Fahnenstangen stehen davor in gleicher Form. Der Aufbau erfolgt auf beiden Seiten.

15. Trainingseinheit Halle

Dribbel- und Torschussübung/Geschicklichkeit

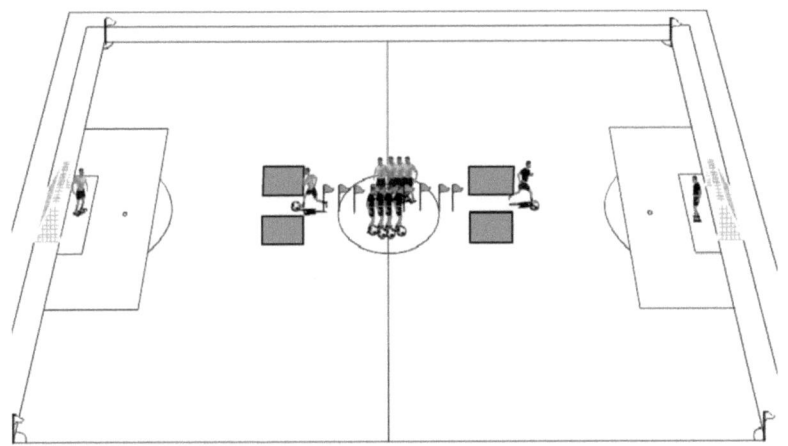

Ablauf:

Jede Mannschaft legt einen Torwart fest, der beliebig ausgetauscht werden kann.

Die Übung ist kein Wettkampf, sondern reines Training. Die Spieler laufen mit Ball an, dribbeln durch die Fahnenstangen, führen den Ball geschickt durch den Mattenkanal und ziehen auf das Tor ab (Abstand zum Tor der Schusskraft anpassen). Erst nach dem Torschuss läuft der nächste Schütze los, damit der Torwart genügend Zeit hat, den Ball aus dem Spiel zu bringen.

Nach dem Schuss wird sich hinten wieder angestellt.

Abschlussspiel

16. Trainingseinheit Halle

Gesprächskreis bilden

Aufwärmübung/Wurfübung/Geschicklichkeit

Wir benötigen 3 – 5 Schaumstoffbälle mindestens in Tennisballgröße. In einem begrenzten Feld versuchen sich die Kinder gegenseitig abzuwerfen. Mit dem Ball in der Hand darf man höchstens fünf Schritte laufen (Schrittanzahl wird der Menge und der Größe des Raumes angepasst) und muss dann zügig werfen. Getroffene Kinder verlassen die Spielfläche und haben nun die Aufgabe, mit den Betreuern die aus dem Spielbereich geworfenen Bälle, ins Spielfeld zurückzubefördern. Geworfene Bälle werden so schnell wie möglich aufgehoben, und wieder wird versucht, jemanden abzuwerfen. Die letzten zwei oder drei Kinder sind die Sieger. Ein absoluter Sieger wird nicht ausgespielt, weil sonst die Spieldauer zu lang und langweilig für die ausgeschiedenen Kinder ist. Die Übung wird in der Regel zwei- oder dreimal wiederholt.

Schussübung

Die Übung wird wiederholt, aber diesmal wird versucht, die anderen Kinder abzuschießen.
Es darf direkt geschossen werden oder der Ball wird vorher zwei bis drei Schritte geführt. Diese Übung wird ebenfalls zwei- bis dreimal wiederholt.

Abschlussspiel

17. Trainingseinheit Halle

Hallenturnier am Trainingstag

Der Trainer oder die Trainerin organisiert an einem Trainingstag in der Halle mit einigen Betreuern/Eltern ein Hallenfußballturnier für die Kleinen (mit so vielen Zuschauern aus dem Bekannten- und Verwandtenkreis wie möglich).

Dieses Turnier soll möglichst wichtig und offiziell für die Kinder erscheinen. Deswegen wird das Turnier vorher angekündigt, und die jeweiligen Mannschaften werden vorher festgelegt. Am besten besteht das Turnier aus drei Mannschaften, damit die Spielpausen nicht zu lang sind.

Jede Mannschaft hat ein eigenes Trikot (es kann sich auch um T-Shirts in der gleichen Farbe handeln), eigene Betreuer und einen eigenen Trainer/in.

Der eigentliche Trainer oder Trainerin ist Schiedsrichter und hat die Oberaufsicht über das gesamte Turnier und ist auch für die abschließende Siegerehrung verantwortlich.

Bei der Siegerehrung bekommt jedes Kind eine Urkunde und eine Medaille (das ist für die Kinder enorm wichtig und für wenig Kosten zu organisieren, da es einfache Urkunden und Medaillen gibt).

Auf der Urkunde wird der Name des Kindes eingetragen und persönlich vom Trainer/in unterschrieben.

Die Spieldauer eines Spiels beträgt 2 x 5 Minuten und jede Mannschaft spielt zweimal gegeneinander über die ganze Halle. Die Anzahl der Spieler auf dem Feld richtet sich nach der Hallengröße. Können alle Spieler gleichzeitig eingesetzt werden, ist das umso besser, da die Spielzeit relativ kurz ist.

17. Trainingseinheit Halle

Sollte ein Spieler einer Mannschaft ausfallen, haben die anderen Mannschaften halt einen Auswechselspieler.

Vor Beginn des Turnieres hält der eigentliche Trainer/in eine offizielle Ansprache und gibt den genauen Ablauf des Turnieres bekannt.
An mehreren Stellen wird der genaue Zeitplan des Turnieres und die Spielzeiten der Mannschaften angeschlagen (eine Zeitreserve sollte immer eingeplant werden, damit eventuelle Verzögerungen ausgeglichen werden können, auch ein Informationstisch mit einem Elternteil, der über alles Auskunft geben kann, ist sinnvoll).

Nach der Ansprache bekommen die Teams genügend Zeit, sich vor Beginn des Turniers unter Aufsicht des jeweiligen Trainers aufzuwärmen.

 # 18. Trainingseinheit Halle

Gesprächskreis bilden

Kettenfangen in der Halle

Die ganze Halle ist Fanggebiet. Ein Spieler ist der Fänger.
Übungsablauf:

www.coachfx.com

Die Spieler verteilen sich in der Halle. Der Fänger versucht einen Spieler zu fangen. Gelingt dieses, gibt es 2 Fänger, die sich an der Hand halten müssen, um den nächsten Spieler zu fangen. Die Kette wird immer größer, bis der letzte Spieler gefangen ist.
In der Halle bereitet diese Übung den Kleinen einen noch viel

18. Trainingseinheit Halle

größeren Spaß als im Freien. Die Übung kann bei andauerndem Spaßfaktor ruhig mehrmals gespielt werden.

Variation: Die Übung startet mit zwei Fängern und es bilden sich dann natürlich zwei Ketten. Die Kette mit den meisten Kindern hat zum Schluss gewonnen.

Turnstunde

Wir brauchen hier mehrere Betreuer und Aufsichtspersonen, damit ein schneller und sicherer Aufbau gewährleistet ist und auch die Durchführung des anschließenden Parcours überwacht wird. Bei diesem Turnparcour zählt nur der Spaß-faktor, und die Kinder dürfen die Stationen so oft sie wollen wechseln. Lässt das Interesse der meisten Kinder nach, wird die Turnstunde beendet. Einige Übungen, die mehr Zeit und Konzentration in Anspruch nehmen, werden doppelt aufgebaut.

Mögliche Übungen:

° Purzelbaum und Strecksprung auf der Turnmatte üben (zwei Übungsstationen anbieten mit Aufsicht und Anleitung).

° Springseile werden auf dem Boden der Länge nach ausgelegt. Ziel ist es, auf dem Seil der ganzen Länge nach sicher zu „balancieren" (mehrere Seile auslegen).

° Wer schafft es, auf einer Hallenbank sicher von einer Seite zur anderen zu balancieren (erst gehen, dann schnell gehen, dann laufen). Diese Übung ist mit Matten an den Seiten abgesichert und wird beaufsichtigt.

° Die Kinder hängen sich am Reck und schwingen hin und her.

18. Trainingseinheit Halle

Auch hier werden Matten untergelegt und die Übung braucht eine Aufsicht. Bei Auf- und Abbau des Recks sind natürlich keine Kinder in der Nähe und nach dem Aufbau kontrolliert noch einmal der Trainer oder die Trainerin, ob das Reck sicher verankert ist.

° Die Kinder springen auf einer Weichbodenmatte. Wer kommt am weitesten, wer macht die beste Torparade, wer springt am lustigsten? Die Betreuer achten auf die Sicherheit, und das die Kinder nacheinander springen.

Weitere Übungen lassen der Phantasie freien Lauf.

Merke: Die Sicherheit und der Spaßfaktor hat bei der Turnstunde oberste Priorität. Sie kann nur mit mehreren Erwachsenen durchgeführt werden, wegen des Sicherheitsfaktors, der ordentlichen Betreuung und Anleitung und des zügigen Auf- und Abbaus.

Abschlussspiel

Nach der Turnstunde erfolgt ein kleines Abschlussspiel. Bei wenig verbleibender Zeit werden keine Tore aufgestellt, sondern z.B. Pylonen mit der Anweisung „nur flach geschossene Tore zählen".

# 19. Trainingseinheit Halle

Gesprächskreis bilden

Aufwärmen/Geschicklichkeit/Spaß

Es werden zwei Mannschaften gebildet und ein Luftballonwettkampf wird gestartet. Jedes Kind erhält einen Luftballon. Die ersten beiden Kinder aus jeder Mannschaft laufen mit einem Luftballon los und sollen ihn in einen großen Behälter ablegen (z.b. leerer Korbwagen für Bälle).
Danach laufen sie zurück und schlagen den nächsten Läufer ab, der dann wiederum den Ballon in den Korb befördern soll usw.
Jede Mannschaft muss gleichviele Ballons in dieser Staffelform in den Korb befördern. Natürlich hat die Mannschaft gewonnen, die dies zuerst schafft.

Ballonschuss-Spiel

In einer bestimmten Zone hat jede Mannschaft (jede Mannschaft besitzt eine eigene Zone) zwei bis drei Ballons pro Kind liegen.
Auf Kommando sollen alle Kinder beider Mannschaften gleichzeitig je einen Ballon mit den Füßen (Schießen oder Führen) aus dieser Zone in eine andere abgesteckte Zone befördern (auch hier besitzt wieder jede Mannschaft eine eigene Zone).

19. Trainingseinheit Halle

Wer dies geschafft hat, läuft zurück und nimmt sich den nächsten Ballon vor. Die Mannschaft hat gewonnen, die zuerst alle Ballons in die neue Zone transportiert hat.

Sollte ein Ballon platzen, bekommt das jeweilige Kind einen Reserveballon vom Trainer, muss aber wieder in der ursprünglichen Zone starten.

Der Weg in die neue Zone darf natürlich nicht zu weit sein, sonst verlieren die Kinder das Interesse.

Hier könnte man z.B. wieder eine schöne Geschichte erzählen, wie:

Die Ballons befinden sich auf einer gerade eingeschalteten Herdplatte und platzen, wenn sie zu heiß werden.

Deswegen sollen sie in eine neutrale Zone geschaffen werden, was allerdings mit den Füßen geschehen muss, weil die Ballons für die Hände schon zu heiß sind.

Ballon-Endspiel

Viele im Vorfeld aufgeblasene Luftballons werden in einem abgesteckten Feld abgelegt.

Die Kinder sollen nun die Luftballons aus dieser Fläche nach außen schießen. Wenn alle Bälle aus dem Feld geschossen sind, bekommen sie die Aufgabe, die Bälle mit dem Fuß zum Platzen zu bringen.

Die Reste hebt das Kind auf. Wer die meisten Reste gesammelt hat (damit die meisten zertretenen Luftballons), hat das Spiel gewonnen.

Abschlussspiel

20. Trainingseinheit Halle

Gesprächskreis bilden

Staffelwettbewerb

Der Trainer oder die Trainerin baut vor dem Training in jeder Hallenhälfte den gleichen kleinen Hindernisparcour, mit Matten, Hochsprungmatten, Fahnenstangen usw., in Form eines Rundkurses auf.

Der Parcour sollte gleichzeitig mit oder ohne Ball durchlaufen werden können.

Es werden zwei Mannschaften gebildet, die sich jeweils in einer Hallenhälfte an einer Startposition aufbauen.

Auf Kommando laufen die Startläufer los, Slalom durch die Fahnenstangen, längs über die Weichbodenmatte usw.

Wieder am Start angekommen, übergeben sie z.B. einen kleinen Ball und der Nächste läuft los.

Die Mannschaft, die zuerst alle Läufer am Ziel hat, ist natürlich Sieger.

Bei einer ungeraden Anzahl von Kindern läuft natürlich einer zweimal.

Staffelwettbewerb mit Ball im Dribbling

Der gleiche Wettkampf wird jetzt mit einem Fußball durchgeführt. Die Kleinen sollen nun den Ball durch den Parcour mit dem Fuß führen. Der Parcour darf natürlich keinen hohen Schwierigkeitsgrad haben, sonst verlieren die Kinder ganz schnell die Freude an diesem Wettkampf.

20. Trainingseinheit Halle

Gymnastikreifen-Fußball

Die Handballtore sind aufgebaut und die beiden Mannschaften bleiben bestehen. Nach Anzahl der Kinder werden Gymnastikreifen mit etwa gleichem Abstand in der Halle verteilt. Gespielt wird ohne Torwart, d.h. es befindet sich kein Reifen in der Nähe der Torlinie. In jeden Reifen stellt sich ein Kind mit einem oder mehreren Bällen (wir verwenden Schaumstoffbälle, Gymnastikbälle, Volleybälle). Die Mannschaften sind natürlich gleichmäßig mit Abwehr- und Angriffsspielern im Feld verteilt.

Auf Kommando schießen die Kleinen die Bälle Richtung gegnerisches Tor. Ziel ist es, möglichst viele Bälle in dieses Tor zu schießen und zu sammeln.

Wenn alle Bälle sich in den Toren befinden, ist das Spiel zu Ende und die Mannschaft, mit den meisten Bällen im gegnerischen Tor, hat gewonnen.

Regeln

° Bälle dürfen nur geschossen werden.

° Der Ring darf nicht verlassen werden. Ein Körperteil muss immer im Reifen bleiben. Die Kinder dürfen also mit den Händen nach Bällen greifen, die sich außerhalb des Reifens befinden. Allerdings muss zumindest die Fußspitze im Ring bleiben. Danach können die Kleinen mit dem Ball in den Reifen zurückkriechen und müssen in diesem, den Ball Richtung gegnerisches Tor schießen oder auch zu einem Mitspieler, der näher zum Tor steht.

° Gegnerische Bälle dürfen abgefangen werden, aber auch

muss zumindest die Fußspitze im Reifen bleiben.

° Bälle, die keiner mehr erreichen kann und nicht im Tor sind, werden von Betreuern wieder ins Spiel gebracht. Das nächststehende Kind bekommt den Ball.

Auch hier wird wieder darauf geachtet, dass beim Toraufbau bzw. Abbau kein Kind in der Nähe steht. Auch diese Trainingseinheit braucht mindestens zwei Erwachsene.

Abschlussspiel

21. Trainingseinheit

Motto „Karneval"

Wir beschreiben hier eine Trainingseinheit, die als Turnier
ausgetragen wird. Sie macht den Bambinis und auch den F-
Junioren einen ordentlichen Spaß. Allerdings brauchen wir
hier eine perfekte Planung. Das Turnier kann in der Woche
oder auch am Wochenende stattfinden. Es läuft unter dem
Motte „Karneval". Jede teilnehmende Mannschaft muss
einheitlich verkleidet spielen. Die eine Mannschaft spielt z.B.
als Schornsteinfeger-Mannschaft, die andere als Batman-
Mannschaft, Superman-Mannschaft, Indianer-Mannschaft
usw.
Aber bitte mit den anderen Trainern die Verkleidung
absprechen, damit die Teams sich nicht gleich verkleiden.

Achtung: Hier liegt die Schwierigkeit. Die Kostüme dürfen
nicht behindern, keinen Hitzestau verursachen (zu dickes
Material bei hohen Außentemperaturen) oder zu
Verletzungen führen wie durch Metall, dicke Knöpfe oder
scharfe Ränder usw.
Die Kostüme einer Mannschaft müssen natürlich nicht alle
gleich aussehen oder 100 Prozent professionell sein.
Die Eltern lassen sich schon was einfallen.
Die Trainerin oder der Trainer muss natürlich jedes Kostüm
kontrollieren, ob es den Sicherheitsansprüchen entspricht.
Meistens gehen Veränderungen noch sehr kurzfristig.

Dann empfiehlt sich bei den Indianern noch eine leichte
Kriegsbemalung, bei den Schornsteinfegern etwas schwarz im
Gesicht, bei den Anstreichern etwas weiß usw.

21. Trainingseinheit

Am Ende darf natürlich eine Siegerehrung nicht fehlen. Jedes Kind bekommt einen Preis gerichtet nach seiner Verkleidung. Die Schornsteinfeger-Mannschaft z. B. einen kleinen Schornsteinfeger aus Schokolade oder Marzipan, die Supermann-Mannschaft einen kleinen Spielzeug-Supermann usw. Die Pokalübergabe darf natürlich auch nicht fehlen.

Also wenn genügend Eltern hier mitarbeiten, organisieren und ein wenig finanziell helfen, wird dies ein Turnier, welches den Kindern immer in schöner Erinnerung bleibt.

22. Trainingseinheit

Gesprächskreis bilden

Im Bann des Magiers

Es wird ein 12 x 12 Meter großes Quadrat markiert, im Inneren wird ein 3 x 3 Meter großes Quadrat errichtet, wird aber in der ersten Übung noch nicht benötigt.

Ablauf: Die Kinder laufen frei im Feld. Hebt der Magier nun einen Arm (am besten mit einem Zauberstab) sind die Kinder verzaubert, und müssen nun Bewegungsaufgaben befolgen. Sagt der Trainer z.B. Katze, sollen die Kinder auf allen Vieren gehen und miauen, bei Rennauto schnell laufen und laut sein, bei Frosch hüpfen und quaken, bei Elefant groß machen und posaunen usw.
Die Spielform wird auf 5 Minuten begrenzt.

Danach erfolgt die gleiche Übung. Hierbei soll aber gleichzeitig ein Ball geführt werden. Hierbei kommen lustige Sachen heraus.

Im Knast

Die Kinder laufen wieder frei im äußeren Quadrat. Zwei Kinder werden „böse Zauberer" und fangen die anderen Kinder. Diese werden im inneren Quadrat eingesperrt. Die anderen Kinder können die Gefangenen befreien, indem sie die ausgestreckte Hand derer berühren. Auch dieses Spiel wird auf fünf Minuten begrenzt.

22. Trainingseinheit

Danach gibt es nur einen Fänger, aber der hat es jetzt leichter. Alle anderen müssen nun nämlich einen Ball führen. Werden sie gefangen und eingesperrt, betreten sie das innere Quadrat natürlich mit Ball.

Bei der nächsten Runde laufen die Kinder wieder frei und ohne Ball im äußeren Quadrat, jetzt ist aber die Trainerin oder der Trainer der „böse Zauberer".

Abschlussspiel

23. Trainingseinheit erst ab F-Jugend

Begrüßungsphase

Es folgt eine Wiederholung folgender Übung zum Festigen des Innenseitstoßes. Je Übung wird die Trainingsdauer auf 5 Minuten begrenzt.

Kreispassen oder Rechteckpassen

Die kleinen Fußballer werden in Gruppen mit jeweils fünf Kindern aufgeteilt. Vier Kinder bilden ein Rechteck oder einen Kreis um das fünfte Kind mit Ball herum. Der Abstand des zentralen Kindes zu den anderen beträgt etwa fünf Meter.
Auf Kommando spielt das Kind im Zentrum den Ball zum ersten Kind im Kreis, erhält den Ball zurück, spielt ihn weiter zum nächsten und bekommt ihn wieder zurück usw. Der Ball soll direkt gespielt werden, wenn der Leistungsstand dies erlaubt.
Nach kurzer Zeit wird gewechselt.
  - Gleiche Übung, aber jetzt darf der Ball nur noch mit
    links gespielt werden.
  - Gleiche Übung, aber jetzt ist eine Reihenfolge nicht
    mehr vorgegeben.

„5 gegen 2"

Jetzt spielen die Kinder „5 gegen 2" oder eine andere Form mit mehreren Ballkontakten, zwei Ballkontakten oder zum Schluss auch direkt. Die Spielform ist hier sehr stark abhängig

vom Leistungsstand. Erkämpfen die beiden Spieler in der Mitte den Ball, darf der Spieler den Kreis verlassen, der sich dort länger aufgehalten hat.

Völkerball

Zur Abwechslung wird heute einmal Völkerball gespielt. Die Feldgröße bestimmt sich aus Wurfkraft und Anzahl der Kinder. Am Anfang hat jede Mannschaft drei Werfer außerhalb des Feldes, je einer an der gegnerischen Grundlinie. Die Kinder, die abgeworfen wurden, gesellen sich zu den eigenen Werfern und dürfen mit abwerfen. Sind alle Kinder einer Mannschaft getroffen, müssen die drei Startwerfer ins Feld. Diese haben aber drei Leben, d.h. sie müssen dreimal getroffen werden, bevor sie ausscheiden. Die Mannschaft, die zuerst komplett abgeworfen wird, ist der Verlierer.

Bei diesem Spiel setzen wir nur sehr weiche Bälle (z.B Schaumstoffbälle) ein und erhöhen die Dynamik des Spiels mit einem Einsatz von zwei Bällen gleichzeitig.

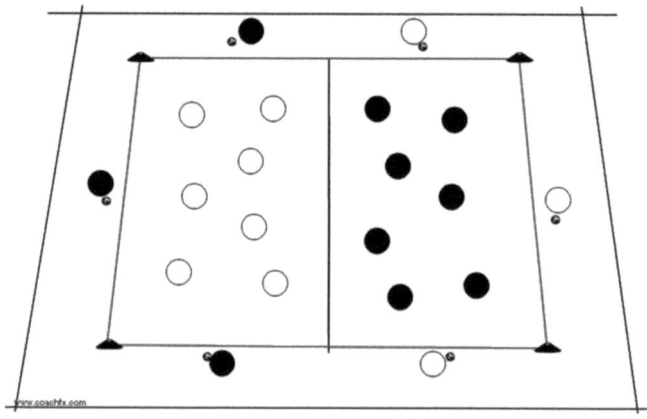

23. Trainingseinheit erst ab F-Jugend

Abschlussspiel auf vier Tore und mit zwei Bällen

Diesmal spielen alle Kinder, verteilt auf zwei Mannschaften, mit. Zwei Bälle werden eingesetzt, damit mehr Ballkontakte garantiert sind und auch der Spaßfaktor höher ist (wie in der ersten Trainingseinheit).

24. Trainingseinheit

Mini-Fußball-Trainingseinheit

Gesprächskreis bilden

Aufbau für die folgenden Spiele: Es wird ein Spielfeld von etwa 16 x 20 Meter mit zwei Toren errichtet.

1. Spiel

Es wird 4 gegen 4 oder 5 gegen 5 mit festem Torwart gespielt. Gleichzeitig befindet sich ein „lebendiges" Tor auf dem Platz. Zwei Spieler laufen mit einer Stange gemeinsam über den Platz, und halten die Stange am jeweiligen Ende fest. Sie bilden also ein laufendes Tor. Die Mannschaft, die in Ballbesitz ist, kann nun ein Tor erzielen, indem sie das „normale" Tor treffen oder durch das „lebendige" Tor schießen. D.h. unter der Stange zwischen den zwei Trägern treffen. Die zwei Träger versuchen natürlich diese Tore beider Mannschaften zu verhindern. Nach einem Treffer im „lebendigen" Tor, wird das Spiel nicht unterbrochen. Diese erste Spiel sollte etwa 10 bis 15 Minuten dauern. Aber die Aufgaben werden dabei regelmäßig getauscht.

2. Spiel

Das zweite Spiel findet auf dem gleichen Platz statt. Es werden zwei Mannschaften mit jeweils 6 oder mehr Spielern gebildet. Die jeweiligen Mannschaften werden wiederum in zwei Teams getrennt, z.B. in 2 x 3, 2 x 4 oder 1 x 3 und 1 x 4. Die erste Mannschaft besteht aus Team 1 und 2, die

andere Mannschaft aus Team 3 und 4.
Zuerst spielen Team 1 und 3 normal gegeneinander (ein
fester Torwart kann, muss aber nicht festgelegt werden).
Nach etwa zwei Minuten ruft der Trainer oder die Trainerin
„Team 2 und 4 rein, Team 1 und 3 raus". Jetzt müssen Team 1
und 3 sofort das Spielfeld verlassen, und werden jeweils
durch ihr anderes Team ersetzt. Nach weiteren 2 Minuten
spielen wieder die anderen Teams. Danach kann es zu
interessanten Variationen kommen, wie nur ein Team wird
jeweils ausgetauscht, z.B. Team 4 durch 3 usw.
Bestehen die Teams z.B. aus jeweils drei und vier Spielern,
kann und soll durch Tausch dieser auch eine Über- bzw.
Unterzahl entstehen.
Auch diese Spielform wird auf 10 bis 15 Minuten begrenzt.

Achtung: Bei den Bambinis dieses Spiel genau erklären.
Es dauert ein wenig bis die Kleinen es verstanden haben.
Aber danach haben sie große Freude an dieser Spielvariation.

Abschlussspiel

Heute spielen wir einmal zum Schluss mit zwei großen
Mannschaften gegeneinander.

25. Trainingseinheit

Reitturnier und Pferderennen

Gesprächskreis bilden

Es wird ein Feld von etwa 30 x 40 Metern markiert. Dieses Feld wird später auch für das Abschlussspiel genutzt.

1. Spiel

Die Kinder bewegen sich frei im Feld, und sollen nun Bewegungen von Pferden nachahmen, erst einmal ohne Vorgaben. Nach einer Minute folgen die ersten Vorgaben des Trainers oder der Trainerin wie „Pferdchen spring", „Pferdchen Galopp, Schritt oder Trab", „Pferdchen lauf starke Kurve" usw. Die Übung wird auf drei bis vier Minuten begrenzt.

2. Spiel

Das Spiel wird jetzt wiederholt, aber jedes Pferdchen muss nun gleichzeitig einen Ball dabei führen (Dauer etwa 2 Minuten).

Pferderennen

Der Trainer/in geht mit den Kindern auf die Laufbahn, falls vorhanden, ansonsten wird eine andere Möglichkeit gesucht. Das Rennen geht über etwa 100 Meter. Zuerst sollen alle Kinder in einer Reihe nebeneinander gehen und wechseln relativ schnell in „Trab" (langsames Laufen) über. An der

25. Trainingseinheit

Zuschauertribüne heben die Kinder ihre Hände und winken den virtuellen Zuschauern begeistert zu. Sie traben immer noch nebeneinander. Jetzt sollen sie über einen Wassergraben springen, und die etwa letzten dreißig Meter wird um die Wette galoppiert, wer gewinnt?

Galoppwettbewerb mit Ball

Die Kinder stehen auf dem Platz wiederum in einer Reihe und nebeneinander. Jedes Kind ist in Ballbesitz. Auf Kommando laufen sie im „Galopp „ (also Sprint) mit Ball etwa 50 Meter ins Ziel. Wer gewinnt dieses Galopprennen?

Abschlussspiel

Der „Pferdetag" ist zu Ende. Es kommt zu einem langen Abschlussspiel auf dem abgesteckten Feld, auf zwei Toren mit normalen Regeln und ausnahmsweise auf diesem großen Feld mit vielen Spielern (falls vorhanden).

26. Trainingseinheit

Zonenwächter

Es wird ein 20 x 20 Meter großes Feld in zwei gleich große Zonen eingeteilt. Zwei Zonenwächter werden in jede Zone gestellt. Auf ein Kommando versuchen die anderen Kinder auf die andere Seite der Grundlinie zu gelangen. Allerdings sollen sie dabei die Zonen überqueren, ohne von den Wächtern abgeschlagen zu werden. Wer von den Wächtern berührt wird, wird ebenfalls Wächter und muss in die Zone gehen. Jetzt beginnt das Spiel von vorn. Wer bleibt als Letzter außerhalb der Zone übrig, und gewinnt das Spiel?

Variation: Nach diesem Spiel wird der Schwierigkeitsgrad für die Fänger erhöht. Die Zonen starten jeweils mit nur einem Fänger.

Variation: Jetzt wird wiederum mit einem Zonenwächter pro Zone gestartet, aber die übrigen müssen jetzt die Grundlinie mit einem getragenen Ball erreichen. Abgeschlagene Kinder müssen wiederum in die Zone als Wächter, allerdings wird der Ball außerhalb des Feldes abgelegt.

Variation: Es wird wieder mit Ball gespielt, aber jetzt soll er zur anderen Grundlinie kurz am Fuß geführt werden.

26. Trainingseinheit

Brennball

Das nächste Spiel ist eine Art Brennball. Das Feld wird ohne Zonen übernommen. Es werden zum Beispiel zwei Mannschaften mit jeweils 6 Spielern gebildet. Die eine Mannschaft sind die „Dunklen", die andere die „Hellen". Team Dunkel erhält drei Bälle, das andere Team verteilt sich frei im Feld. Team Dunkel wirft sich die Bälle untereinander zu. Der Fänger soll nun mit dem gefangenen Ball einen Spieler von Hell berühren, darf aber nur maximal drei Schritte dabei ausführen. Nach den drei Schritten muss der Ball zum nächsten Mitspieler geworfen werden, egal ob der Ball einen Gegenspieler berührt hat oder nicht. Die Gegenspieler, die vom Ball regelkonform berührt wurden, sind „verbrannt" und scheiden aus. Wie lange braucht Dunkel bis alle Hellen verbrannt sind?
Danach werden die Aufgaben getauscht. Welche Mannschaft war schneller?
Das Spiel sollte mehrmals wiederholt werden. Ist der Schwierigkeitsgrad zu hoch, dürfen mit gefangenem Ball auch 5 Schritte absolviert werden.

Dribbeln und Finten

Das gleiche Feld wird beibehalten. Jetzt bekommt jedes Kind einen Ball. Sie dribbeln frei im Feld. Kommt ihnen ein Spieler entgegen, sollen sie eine beliebige Finte ausführen. Nach zwei bis drei Minuten darf nur der „schwache" Fuß benutzt werden.
Danach erfolgt ein oder mehrere Abschlussspiele nach Wahl des Trainers oder der Trainerin.

27. Trainingseinheit

Tierpark / Zirkus / Tierjubel

Hier kommen wir zu einer Trainingseinheit, die besonders den Bambini enormen Spaß bereitet, und es werden praktisch keine Hilfsmittel benötigt. Nach der Austobphase und dem Gesprächskreis fängt die Sache erst einmal locker an.

Tierpark

Die Kleinen sollen sich erst einmal vorstellen, dass sie sich in einem Tierpark oder Zoo befinden. Der Trainer oder die Trainerin befindet sich jeweils in einem Käfig oder Gehege. Die Mannschaft steht davor, gleichmäßig verteilt, und jeder hat etwa zwei Meter Abstand zum seitlichen Partner, Vorder- oder Hintermann.

Der Trainer/in ist jetzt ein ausgedachtes Tier, bewegt sich dementsprechend und gibt dessen Laute ab. Die kleinen Kicker sollen dieses nun nachahmen.

Hier können "leichte" Tiere wie Affe oder Löwe gewählt werden, oder "schwierige" wie Nashorn, Pfau, Delphin usw.

Jedes Tier wird etwa 20 bis 30 Sekunden imitiert, dann wird gedanklich zum nächsten Gehege, Schwimmbecken oder Käfig gewechselt.

Nach einigen Tieren wechselt der Trainer oder die Trainerin in die "Zuschauermenge" und ein Fußballer darf die Tierrolle übernehmen. Jedes Kind darf einmal, muss aber nicht, den Käfig übernehmen.

27. Trainingseinheit

Zirkus

Jetzt kommt der Ball ins Spiel. Die Tiere befinden sich nun in einem Zirkus, und sollen dem Publikum ihre Ballkünste demonstrieren. Jedes Kind denkt sich ein Tier aus, welches es in der Manege mit Ball vorführt. "Doppelrollen" sind natürlich erlaubt. Regen Sie hier die Phantasie der Kinder an, wie bestimmte Tiere einen Ball behandeln könnten. Die Kinder dürfen Einzeln auftreten oder in Gruppen. Beschränken Sie den Auftritt auf maximal 60 Sekunden.

Die Kinder sind also die Darsteller und Trainer und Betreuer die Zuschauer. Die kleinen Fußballer werden allerdings so viel Spaß haben, dass bereits ein Trainer oder eine Trainerin als Publikum ausreichend ist.

Tierjubel

Das Abschlussspiel erfolgt in einer besonderen Form. Jede Mannschaft ist eine Tiergruppe. Eine Mannschaft besteht beispielsweise nur aus Elefanten, die andere nur aus Affen. Bei einem Torerfolg sollen die Kleinen nun Jubeln wie die entsprechenden Tiere es tun würden.

28. Trainingseinheit

Gesprächskreis bilden

3 gegen 2

Es wird ein 15 x 20 Meter großes Feld markiert. An einer schmalen Seite werden zwei Stangentore von etwa 2 Metern Länge aufgebaut, die etwa 5 Meter voneinander entfernt stehen. Die andere schmale Seite wird als Dribbellinie deklariert. Nun bilden wir ein 2er- und ein 3er-Team.
Die Mannschaft in der Überzahl spielt auf die beiden Stangentore, die andere verteidigt die Stangentore und kontert nach Ballgewinn über die Dribbellinie. Der Ball muss über die Linie geführt und nicht geschossen werden. Nach einer Minute wird eine Pause von 30 Sekunden eingeräumt. Danach geht es mit Rollentausch weiter. Insgesamt wird die Übung vier- bis fünfmal wiederholt.

2 gegen 2 plus Torwart

Die Übung wird nun auf dem gleichen Feld wiederholt, allerdings spielt die Mannschaft in Überzahl mit einem festen Torwart, der allerdings nur ein Tor in der Mitte der Grundlinie zu verteidigen hat. Hier kann ruhig ein Tor von 5m Länge und 2m Höhe gewählt werden oder ein Stangentor von 5 Meter Breite.
Die Übung kann auch vier- bis fünfmal mit Rollentausch und kurzer Pause absolviert werden.

28. Trainingseinheit

Abschlussspiel

Nach einer weiteren Erholungsphase beginnt das Abschlussspiel. Wir denken daran, das dieses Abschlussspiel meistens mit kleinen Mannschaften absolviert werden soll (4 bis 5 Spieler pro Mannschaft), damit die Spieler möglichst viele Ballkontakte haben.

Da aber jetzt schon zwei kleine Fußballspiele absolviert worden sind, spielen wir nun nur mit zwei großen Mannschaften gegeneinander. Die Laufbelastung im anaeroben laktaziden Bereich (verbunden mit einer zu hohen und langen Übersäuerung) soll in dieser Trainingseinheit nicht übertrieben werden.

119

29. Trainingseinheit / Halle

Fußball- und Minigolfturnier am Trainingstag in der Halle

Wir haben es ausprobiert. Organisieren Sie an einem Trainingstag ein Fußballturnier kombiniert mit einem Minigolfturnier. Der Spaßfaktor ist hier bei den kleinen Fußballern riesig. Das Turnier wird mit Betreuern / Eltern geplant. Auch dieses Turnier soll möglichst wichtig und offiziell für die Kinder erscheinen. Deswegen wird das Turnier vorher angekündigt, und die jeweiligen Mannschaften werden vorher festgelegt. Am besten besteht das Turnier aus vier Mannschaften, damit die Spielpausen nicht zu lang sind. Es hat folglich immer nur eine Mannschaft Spielpause. Zwei Teams spielen gegeneinander Fußball, eine befindet sich im Minigolfparcour, die vierte sitzt auf der Bank.

Benötigte Materialien:

- eine zweigeteilte Halle (eine Hälfte für die Fußballspiele, die andere für den Minigolfbereich)
- mehrere Minigolfschäger und -bälle
-zwei Handballtore
- mehrere Fußbälle (mindestens einen Ersatzball)
- jede Mannschaft besitzt ein eigenes Trikot
- Urkunden und Medaillen für die Siegerehrung
- ausreichend Getränke wie Wasser und Apfelsaftschorle
- mehrere Aufsichtspersonen, Betreuer und Schiedsrichter

29. Trainingseinheit / Halle

Der eigentliche Trainer oder Trainerin ist Oberschiedsrichter/in und hat die Hauptverantwortung für das gesamte Turnier.
Bei der Siegerehrung bekommt jedes Kind eine Urkunde und eine Medaille.

Ablauf: Im Fußballturnier spielt jede Mannschaft 2 x 5 Minuten gegen jede andere Mannschaft. Die Auswertung / Punkteverteilung erfolgt hier nach den normalen Regeln. Die Anzahl der Spieler richtet sich nach der Feldgröße. Können alle Spieler eingesetzt werden, ist das umso besser, da die Spielzeit relativ kurz ist.
Sollte ein Spieler ausfallen, haben die anderen Mannschaften halt einen Auswechselspieler (permanenter fliegender Wechsel).

Jede Mannschaft durchläuft einmal auch den Minigolfparcour. Es empfiehlt sich drei bis vier Bahnen aufzubauen. Natürlich „hauen" wir keine Minigolflöcher in den Hallenboden. Am Ende einer Bahn muss der Ball in einen bestimmten Sektor befördert werden. Hier kann es sich um einen umgekippten Eimer, eine abgegrenztes Quadrat durch Stäbe (eine Seite des Quadrats oder des Rechtecks ist natürlich offen, denn hier soll der Ball rein) oder eine große Matte auf der der Ball zur Ruhe kommen soll am Ende der Bahn. Auf jeder Bahn befinden sich Hindernisse wie Pylonen, Bänder oder kleine Matten usw. Bitte macht die Bahnen nicht zu schwer, jedes Kind hat nur sieben Schläge (auch mehr kann vereinbart werden), um den Ball ins Ziel zu bringen.

Bewertung Minigolf:

Mannschaften mit den wenigsten Schlägen: 4 Punkte
Mannschaft auf Platz 2:   3 Punkte
Mannschaft auf Platz 3:   2 Punkte
Mannschaft auf Platz 4:   1 Punkte

Gesamtwertung: Punkte vom Fußballturnier und Minigolfwettbewerb werden addiert und dadurch die Gesamtplatzierung festgelegt.

Vor Beginn des Turniers hält der Trainer oder die Trainerin eine offizielle Ansprache und gibt den genauen Ablauf des Turniers bekannt.
An mehreren Stellen wird der genaue Zeitplan des Turniers und die Spielzeiten der Mannschaften angeschlagen. Eine Zeitreserve muss immer eingeplant werden, vor allem, weil die Dauer im Minigolfbereich nie genau einkalkuliert werden kann. Auch ein Informationstisch mit einem Elternteil, der über alles Auskunft geben kann, ist sinnvoll.

Nach der Ansprache bekommen die Teams genügend Zeit, sich vor Beginn des Turniers unter Aufsicht des Trainers oder der Trainerin aufzuwärmen.

Tipp: Nur die Mannschaft, die gerade im Minigolfbereich agiert, darf sich auch dort aufhalten (also natürlich mit Schiedsrichtern, die die Schlaganzahl notieren), damit keine Störungen oder „Parcourveränderungen, durch z.B. Umlaufen von Gegenständen, auftreten.

# 30. Trainingseinheit / ältere F-Jugend

An dieser Stelle möchten wir noch einmal besonders die Wichtigkeit des Schusstrainings und die Ausbildung der Schusstechniken betonen. Die meisten Jugendlichen beherrschen in der Regel mehr oder weniger nur den Innenseit- und Innenspannstoß, weil beim Training auf die Ausbildung der anderen Techniken nicht geachtet wird. Zwar wird ein regelmäßiges Schusstraining absolviert, vielleicht noch mit dem linken und rechten Fuß, aber die Vorgabe einer Schusstechnik ist oft nicht gegeben. Dabei kann der Vollspannstoß fast überall angewendet werden, z.B. beim Abstoß, Abschlag, bei sehr vielen Kurz- oder Langpässen, Hebern, Flanken und Torschüssen. Allerdings ist die Technik sehr schwierig. Der Außenspannstoß ist auch eine anspruchsvolle Schusstechnik und wird nur von wenigen Spielern wirklich beherrscht. Er gewährleistet ein fast ansatzloses seitliches Zuspiel, auch aus höchster Laufgeschwindigkeit. Bei genügender Schusskraft und Zielgenauigkeit findet der Außenspannstoß auch Anwendung bei Ecken, Freistößen, Torschüssen. Weiterhin kann ein perfekter Außenspannstoß eine mangelnde Schusstechnik des schwächeren Beins fast komplett kompensieren. Jugendliche erreichen später oft die höheren Spielklassen nicht, weil sie zu wenig Schusstechniken beherrschen, und was in der Jugend versäumt wurde, kann der Erwachsene nicht mehr aufholen. Der Trainer hat nun die Aufgabe die Schusstechniken genauestens zu erklären und die Spieler die Aufgabe, die schwierigen Schusstechniken umzusetzen.
Der Trainer gibt also eindeutige Vorgaben, wie z.B. :
    - gerader oder schräger Anlauf und Abschluss mit dem

linken oder rechten Vollspann
- Anlauf von rechts in den Strafraum, vor dem
  Elfmeterpunkt wird mit dem rechten Außenspannstoß
  abgezogen
- das gleiche von links mit dem linken Außenspannstoß

Austobphase

Begrüßungsphase

Vorbereitende Übungen für den Vollspannstoß

- Die Kinder halten den Ball mit beiden Händen vor dem
  Körper. Sie sollen dann den Ball etwas hochwerfen
  und den Ball etwa in Kniehöhe mit dem Vollspann mit
  mittlerer Stärke treffen. Der Ball soll dabei möglichst
  gerade nach vorn fliegen (diese Übungen werden am
  besten vor einem großen Tor durchgeführt, damit die
  Laufwege zum Ball nicht zu lang werden). Es werden
  beide Füße abwechselnd trainiert.
- Diesmal soll der Ball mit dem Vollspann getroffen,
  senkrecht nach oben geschossen werden.
- Gleich Übung, aber jetzt stehen die Spieler 2 – 3
  Meter vor dem Tor und sollen den Ball hoch ins Netz
  schießen.
- Gleiche Übung wird jetzt mit höchster Intensität
  trainiert.
- Gleiche Übung, aber jetzt soll der Ball in Dropkickform
  getroffen werden.
- Jetzt wird ein Strafstoßschießen mit Vollspann geübt,

abwechselnd mit links und rechts und auf zwei Tore, damit eine Übungshäufigkeit garantiert ist. Auch wenn die Übungen mit dem schwachen Fuß wirklich sehr „erbärmlich" aussehen, trainieren wir in F- und E-Jugend beidfüßig.

„Was Hänschen nicht lernt, lernt Hans nimmer mehr", lautet hier die Devise.

Diese Grundübungen oder andere, werden beim Training wiederholt eingesetzt, bis eine Grundtechnik vorhanden ist und dynamische Übungen sinnvoll eingesetzt werden können (für die nächsten Übungen Voraussetzung).

Dynamische Trainingsübung (hier mit Vollspann / siehe Abbildung auf der nächsten Seite)

Der erste Spieler mit Ball passt den Mittelfeldspieler an und läuft seinem Anspiel hinterher. Der Mittelfeldspieler spielt direkt zu dem Spieler an der Strafraumgrenze. Dieser lässt wieder abprallen, worauf der Mittelfeldspieler mit einem Torschuss abschließt. Die Entfernungen sollten der jeweiligen Schusskraft der Mannschaft angepasst sein!

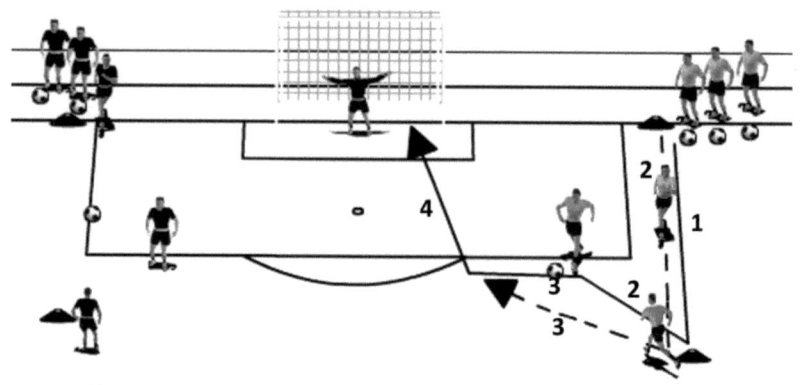

www.coachfx.com

F-Jugendtraining

Merke: Das Training der F-Jugend entscheidet sich nicht wesentlich vom Training der Bambinis (wir empfehlen an dieser Stelle noch einmal die Seiten 7 - 41 zu lesen). Der Spaßfaktor sollte unserer Meinung nach immer noch im Vordergrund stehen. Die Unterschiede bestehen darin, dass in der F-Jugend kaum noch vor einer Übung oder einem Spiel eine Geschichte erzählt wird. Das Training wird fußballspezifischer und freie Fußballspiele haben einen größeren Anteil im Training.

Im Folgenden beschreiben wir nur noch einzelne Übungen für die F-Jugend (außer das folgende Stationentraining), die zum Teil auch beim Bambinitraining Anwendung finden können.
Diese Übungen können einfach in den schon beschriebenen Trainingseinheiten mit dort verwendeten Spielen und Übungen ausgetauscht werden.

Bereits in der F-Jugend kann durchaus ein Stationentraining eingesetzt werden.

Die Übungen sollten leicht verständlich sein und kurz und präzise erklärt werden. Der Übungsaufbau darf nicht viel Zeit in Anspruch nehmen und die Kinder nicht langweilen oder nerven.

Am Besten ist es, der Trainer baut die Stationen schon vor dem Training auf, bei den meisten Übungen sollten sowieso nur Bälle eingebaut werden.

Die Übungsdauer an den jeweiligen Stationen wird auf maximal 5 Minuten begrenzt.

Hier geben wir Beispiele für mögliche Übungen im Stationentraining, möchten aber betonen, dass man hier der Phantasie freien Lauf lassen kann.

Die hier vorgestellten Übungen wurden von uns noch nicht alle im Training eingebaut, aber grundsätzlich hat sich das Stationentraining in der F-Jugend bewährt und den technischen Leistungsanstieg tatsächlich beschleunigt.

Mögliche Übungen im Stationentraining

(3 – 4 Personen pro Übung, der Trainer sorgt bei einigen Übungen dafür, dass die jeweiligen Positionen in den Übungen rechtzeitig gewechselt werden).

° Ein Spieler wirft den Ball aus kurzer Entfernung zu, der andere soll den Ball mit der Seite oder dem Spann zurückspielen, abwechselnd links und rechts. Der Ball sollte

maximal in Kniehöhe zugeworfen werden.

° In einem abgesteckten Feld spielen sich die Kinder die Bälle flach und direkt zu und müssen dabei abwechselnd den linken und rechten Fuß einsetzen. Der Pass erfolgt mit der Innenseite und wird relativ hart und präzise geschossen. Der Abstand der Spieler beträgt 5 – 10 Meter.

° Es erfolgt ein Einwurfwettbewerb auf Weite oder Genauigkeit. Ein Kind wirft auf Weite oder in ein kleines abgestecktes Feld. Die anderen markieren die erzielte Weite mit einer Pylone und stoppen den Ball. Bei einem Wettbewerb auf Genauigkeit bekommt der jeweilige Spieler einen Punkt, wenn er in das abgesteckte Feld trifft. Derjenige mit den meisten Punkten oder der größten Weite hat bei dem nächsten Stationenwechsel gewonnen. Der Trainer achtet hin und wieder auf die korrekte Ausführung des Einwurfs (die Unterstützung von Betreuern in einem Stationentraing ist in der F-Jugend von großem Nutzen).

° An dieser Station wird ein Elfmeterwettkampf durchgeführt. Am Besten steht ein kleines Tor etwas vor dem großen Tor. Verschossene Bälle landen so meistens im großen Tor und die Laufwege sind verkürzt.
Ein Spieler steht im Tor, zwei oder drei Spieler beginnen mit dem Elfmeterschießen. Begonnen wird aus einer Entfernung von sieben Metern. Der Schütze, der verschossen hat, tauscht mit dem Torwart. Bei der Verwandlung eines Elfmeters schießt der nächste Schütze aus acht Metern, wird dieser verwandelt, geht es wieder ein Meter zurück usw. Wird ein Elfmeter gehalten, wird er um einen Meter vorverlegt, aber

nicht näher als sieben Meter.

° Hier werden Torschuss- und Freistoßübungen in allen möglichen Variationen in der kleinen Gruppe trainiert, wie z.B. mit Doppelpass oder Dribbeln durch Fahnenstangen vor dem Torschuss und auch Direktabnahmen nach einer kurzen Ecke. Hierbei kann ohne Torwart oder mit einem festen Torwart trainiert werden.

° Die Spieler schießen sich den Ball hoch zu und stehen dabei mit dem größtmöglichen Abstand zueinander. Das angespielte Kind soll den Ball sicher stoppen und zum nächsten Spieler passen.

Weitere Übungen

Diagonalpass und Steilpass

Übungsaufbau und Ablauf: siehe Grafik
Ein Spieler (dunkel) spielt ständig einen Diagonalpass, der andere einen Steilpass (hell). Diese Übung eignet sich sehr gut für die Schulung beidfüßiger Schüsse, da abwechselnd immer mit rechts und links gepasst werden muss. Nach einiger Zeit werden die Aufgaben gewechselt.

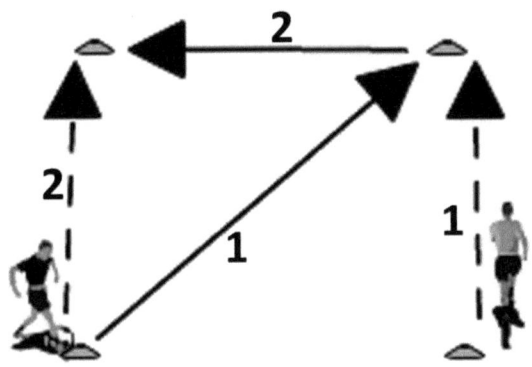

3 gegen 1

Übungsaufbau und Ablauf: siehe Grafik
Unsere Praxisarbeit hat gezeigt, dass diese Übung spätestens im zweiten Jahr der F-Jugend praktiziert werden kann.

Weitere Übungen

Die Übung bildet den ersten Schritt in Richtung Dreiecksbildung und sollte so häufig wie möglich praktiziert werden.

Es wird ein Viereck mit Hütchen abgesteckt. 3 Spieler besetzen jeweils ein Hütchen und sind im Ballbesitz. Der eine Gegenspieler versucht in Ballbesitz zu kommen. Hier reicht bereits die Berührung des Balles, um mit einem Spieler die Aufgabe zu tauschen.

Es sollte vermieden werden durch die Mitte zu spielen. Die Spieler müssen so verschieben, dass der Spieler im Ballbesitz immer zu beiden Seiten hin eine Anspielstation hat. Öfter die Aufgaben tauschen!

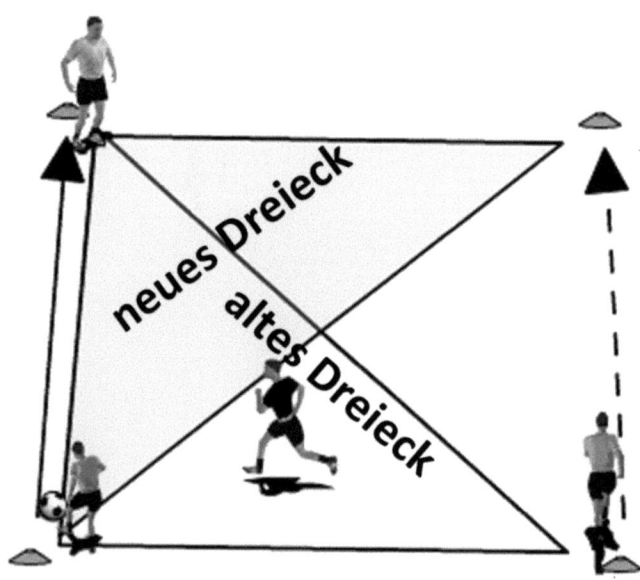

132

Weitere Übungen

1 gegen 1 und 2 gegen 2

Übungsaufbau und Ablauf: siehe Grafik
2 Teams bilden, die sich jeweils neben dem Tor aufstellen.
Jeder Spieler erhält eine Nummer.
Der Trainer ruft eine oder 2 Nummern auf und wirft einen Ball ins Spielfeld.
Die aufgerufenen Spieler starten ins Spielfeld, und versuchen ein Tor zu erzielen.

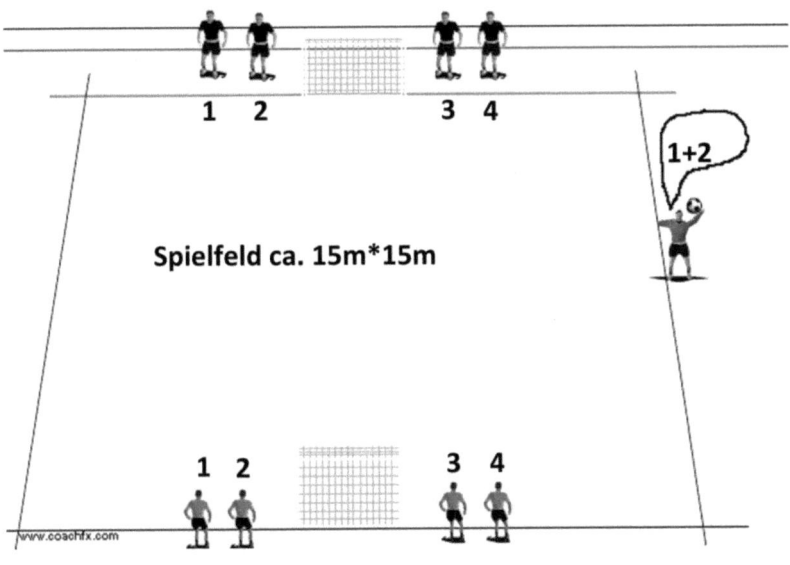

Weitere Übungen

Training der Techniken 1

Übungsaufbau und Ablauf: siehe Grafik

Es werden jeweils 2 Hütchen im Abstand von ca. 15 Metern aufgestellt und mit Spielern (siehe Grafik) besetzt. Der erste Spieler mit Ball dribbelt ein paar Meter und passt dann zum Mitspieler am anderen Hütchen. Der Passgeber läuft weiter durch zum anderen Hütchen. Der angespielte Spieler läuft dem Anspiel entgegen, umdribbelt sein Hütchen und dribbelt weiter zum anderen Hütchen. Jetzt passt er den nächsten Spieler an. Hier sollten verschieden Dribbel-und Passtechniken vom Trainer vorgegeben werden.

www.coachfx.com

Training der Techniken 2

Übungsaufbau und Ablauf: siehe Grafik
Diese Übung wird von uns auch gerne vor einem Spiel praktiziert. Es stehen sich 2 Gruppen gegenüber, von denen eine einen Ball hat.
Der Spieler mit Ball passt zum gegenüberstehenden Spieler und läuft seinem Anspiel nicht hinterher, sondern läuft Diagonal, etc. Hier sollten verschiedene Passtechniken geübt werden.

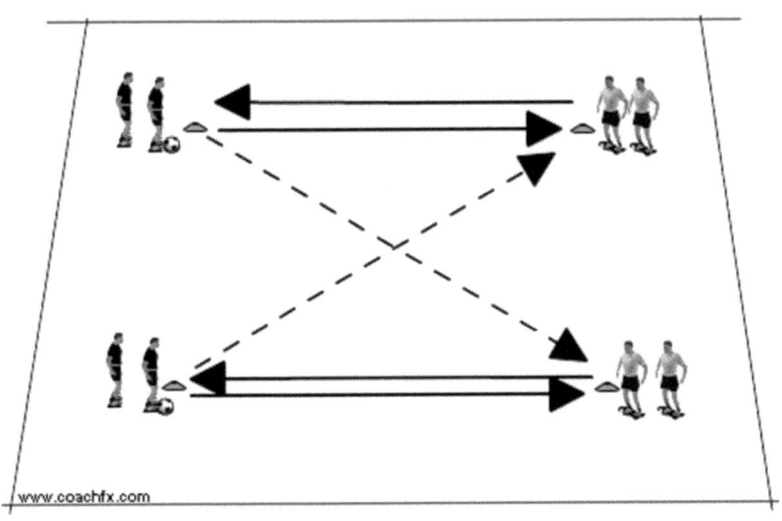

www.coachfx.com

Dribbelduell 1

Übungsaufbau und Ablauf: siehe Grafik
Mehrere Mannschaften bilden. Jede Mannschaft ein Ball.
Auf ein Trainerkommando starten die jeweils ersten Spieler einer Mannschaft und dribbeln durch den Slalomparcour. Vom letzten Hütchen aus darf beim Rückweg zum Mitspieler gepasst werden. Welche Mannschaft ist als erste fertig?
Variation:
Verschiedene Aufgaben beim Dribbeln z.B. mit dem Außenrist oder mit links den Ball führen etc.

www.coachfx.com

136

Weitere Übungen

Dribbelduell 2

Übungsaufbau und Ablauf: siehe Grafik
Es werden 2 Mannschaften gebildet. Jeder Spieler erhält einen Ball und jeder eine Nummer. Bei z.B. 8 Spielern werden in jeder Mannschaft die Nummern von 1 bis 4 verteilt. Der Trainer ruft eine Nummer, woraufhin die jeweiligen Spieler starten und den Parcour wie in der Abbildung durchdribbeln. Die Mannschaft, dessen Spieler als erster wieder im eigenen Viereck ist, bekommt einen Punkt. Es können auch mehrere Nummern aufgerufen werden. Die Mannschaft, die als erstes komplett wieder im Viereck ist, bekommt einen Punkt.
Variation:
Verschiedene Aufgaben beim Dribbeln z.B. mit dem Außenrist oder mit links den Ball führen etc.

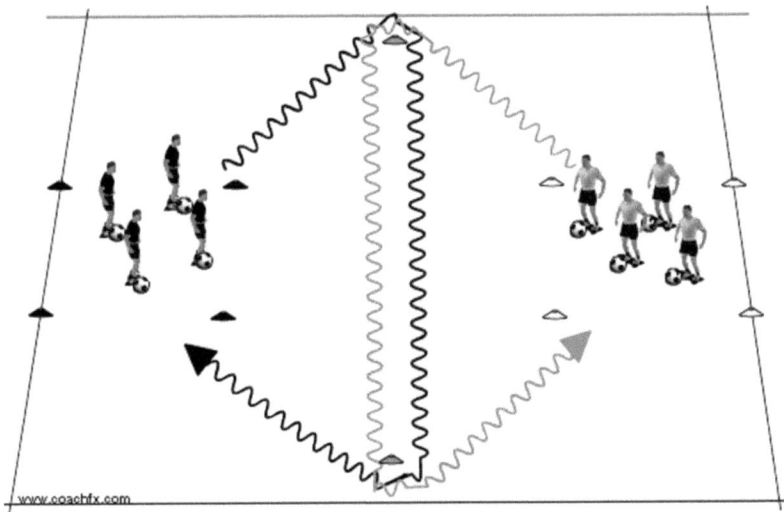

Torschuss- und Kurzpassübung

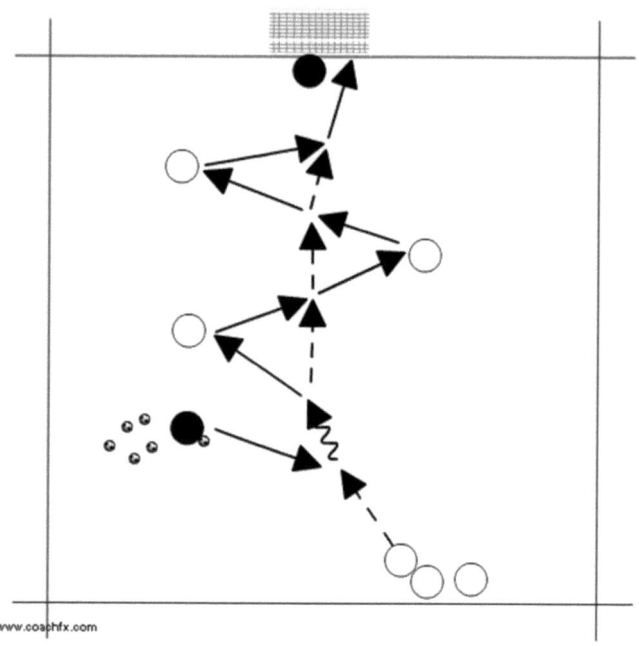

www.coachfx.com

Übungsablauf:

Ein Spieler, bei dem sich alle Bälle befinden, passt zu einem Spieler in der gegenüberstehenden Reihe. Dieser Spieler nimmt den Ball an und dribbelt zu der ersten Anspielstationen und spielt mit diesem einen Doppelpass. Danach mit der 2. Anspielstation etc. und schließt nach dem letzten Doppelpass mit einem Torschuss ab.

Die jeweiligen Entfernungen werden dem Leistungsstand angeglichen.

Weitere Übungen

Unterzahl- und Überzahlsituationen

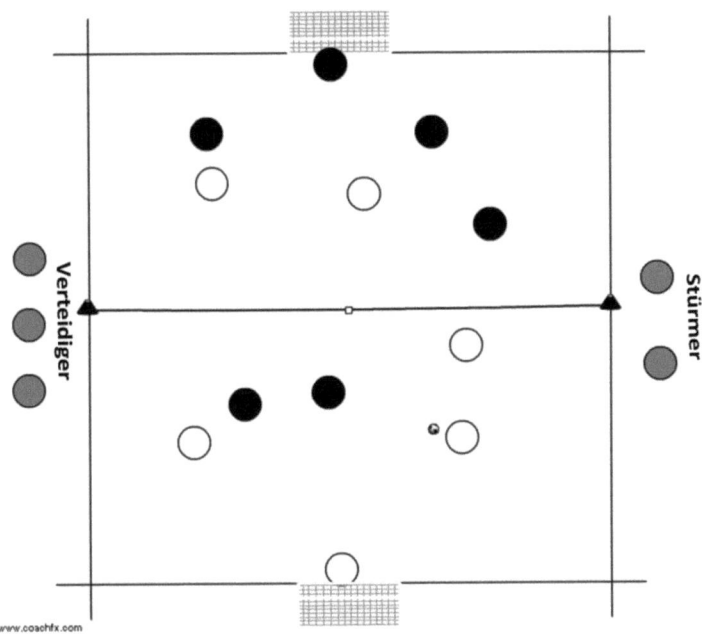

www.coachfx.com

Übungsaufbau: siehe Grafik

Übungsablauf:

Es wird in einem Kleinfeld 5 : 5 gespielt (oder andere Spielstärken). Vorab werden bei jeder Mannschaft 3 Verteidiger und 2 Stürmer benannt, die sich nur in der jeweiligen Spielfeldhälfte aufhalten dürfen. Nach einer bestimmten Zeit, z.B. nach einem Tor, ruft der Trainer „schwarz raus und grau rein". Blitzschnell soll nun die eine Mannschaft das Feld verlassen und das graue Team nimmt deren Platz ein. Nach einigen Minuten wechseln dann das weiße und das schwarze Team usw.

Fußballspezifische Technikübung

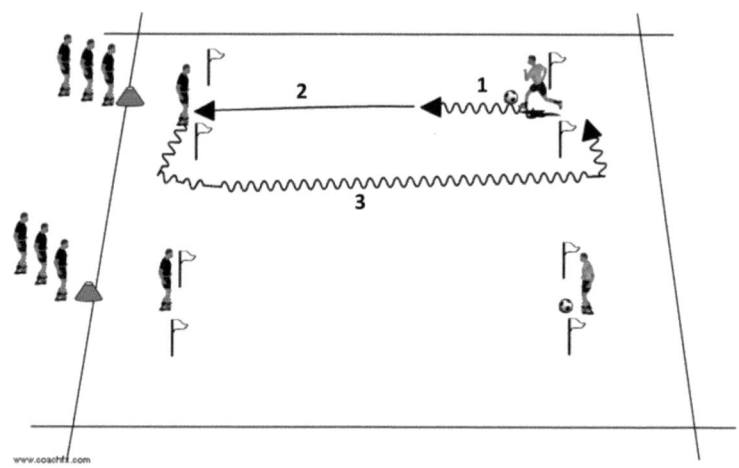

Übungsaufbau: siehe Grafik

Übungsablauf:

Ein Spieler mit Ball steht den anderen Spielern mit einem Abstand von 20 Metern gegenüber. Der Spieler mit Ball startet dribbelt einige Meter und passt durch die Fahnenstangen zum ersten Spieler aus der Reihe und stellt sich hinten an. Der erste Spieler aus der Reihe nimmt den Ball und dribbelt mit höchstmöglicher Geschwindigkeit zum Start und beginnt die Übung erneut.

Variationen:

- Der Ball wird nur mit dem linken Fuß geführt.
- Der Ball wird mit dem Außenrist geführt.

Literaturverzeichnis

Claßen, M. / Schnepper, W.:
Taktiktraining im Jugendfußball, BOD, 2011

Claßen, M. / Schnepper, W.:
Taktiktraining im Jugendfußball 2, BOD, 2012

Claßen, M. / Schnepper, W.:
Pressing mit System, BOD, 2012

Schnepper, W / Claßen, M:
Bambini / F-Jugendtraining: 20 Trainingseinheiten, BOD, 2013

Schnepper, W / Claßen, M:
F-Jugend / E-Jugendtraining: 20 komplette
Trainingseinheiten, BOD, 2013

Schnepper, W / Claßen, M:
E-Jugend / D-Jugendtraining: effektive Übungen, BOD, 2014

Schnepper,W: Psyche im Kinderfußball, BOD, 2019

 **Notizen**

Notizen

Notizen